EL ARTE ANDALUSÍ.

"La Alhambra de Granada."

D. José Vargas Padilla

C.V.

José Vargas Padilla, nació en Málaga, en pleno corazón de la Costa del Sol, a un paso de la Alhambra Granaina, lugar que visita todos los años. Educado por Jesuitas en su tierra natal, donde adquirió el hábito de ser lector voraz y crítico. A posteriori, entre su formación adquirida, podemos destacar su Máster en "Gestión de Residencias y Servicios para la Tercera Edad", además de su especialización en "Administración y Gestión de Empresas". Viajero apasionado y Chef los fines de semana, trabaja desde hace mas de una década en Web Design y Nuevas Tecnologías, otra de sus grandes pasiones.

ISBN-10: 1548193143
ISBN-13: 978-1548193140

www.guiasgourmetparacurrantes.com
Email: info@guiasgourmetparacurrantes.com

Printed by CreateSpace

INIDICE

Dedicatoria

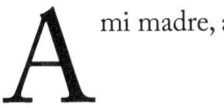 mi madre, a mi padre y a la familia…

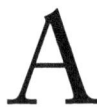 Karinita, por la cual escribi sobre Granada y la Alhambra.

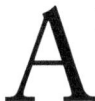 Mencia, una crack del motociclismo.

 mis amistades, en particular a David que lee todo lo que escribo a "punta de pistola", a Alfonso que soporta horas escuchando hablar de lo que escribo…

 Berni, la ANTIchef…

 los lectores…

Prologo

Hemos de reconocer, que leerse casi 400 páginas, tiene mérito, aunque sea de un libro dinámico y entretenido, como "El Arte Andalusí. De la Alhambra a la Mezquita de Corduba.", por ello, y más aún, por la insistencia de mi amiga Berni, escribo esta versión más "light" o breve, dedicado en exclusiva al Arte Andalusí Granadino o la Alhambra.

Qué Bonito es el arco árabe?

Siempre la misma respuesta, ese es el arco de herradura ibero visigodo, que los musulmanes o arte islámico copiaron.

Qué Bonito es el arte árabe?

Siempre la misma respuesta, eso es arte andalusí.

Qué Bonita es la Mezquita, porque no se devuelve a los musulmanes?

Siempre la misma respuesta, antes fue una Basílica Cristiana, y antes una Iglesia Paleocristiana, y antes…

Como se nota que la Mezquita se copio de la Alhambra?

Siempre la misma respuesta, la mezquita de Córdoba, se construyo 500 años antes que la Alhambra.

Que Buenos eran esos arquitectos árabes que vinieron de Arabia?

Siempre la misma respuesta, eran arquitectos andalusíes, es decir andaluces de religión musulmana.

⇨ **Preguntas y más preguntas,** cada vez que alguien decide bajar a esta Andalucía tan desconocida, pero tan visitada, ya hasta agota, así que porque no escribirlo, explicar que es el Islam, para los que no son musulmanes, que es el arte islámico o el arte andalusí...

Explicar los cuatro grandes estilos de esta tierra, que ha tenido muchos nombre, como Tarsis, Bética, Al Ándalus o Andalucía, que son el Estilo Califal, el Estilo Taifal con sus variantes como el Almohade, el Estilo Nazarí, y ese tan olvidado, como el Estilo Mudéjar, de una manera lo más sencilla posible, así evitamos responder siempre lo mismo.

⇨ **Descubrir las siete grandes maravillas del arte andalusí,** como son la Mezquita Catedral de Córdoba, la Giralda de Sevilla, la Alhambra de Granada o la Alcazaba de Málaga, sin olvidar los Reales Alcázares de Sevilla, es otra parte de este recorrido por esta Andalucía tan desconocida...

OTROS

Y sobre todo, a los que lean este libro, espero les sirva para conocer mejor Al- Ándalus, y si lo desean, pueden aportar ideas y propuestas para su ampliación, para lo cual les dejo mi contacto:

Email: info@guiasgourmetparacurrantes.com

OTROS LIBROS RECOMENDADOS.

⇨ **Café Gourmet para Currantes.** A la venta en Amazon y en El Corte Ingles.

⇨ **De la Alhambra a la Mezquita de Córdoba. El Arte Andalusí.** A la venta en Amazon.

OTROS LIBROS COLECCIÓN: UNA CENA EN DOS HORAS.

⇨ **Una Cena Árabe en Dos Horas.** A la venta en Amazon.

⇨ **Una Cena Marroquí en Dos Horas.** A la venta en Amazon.

⇨ **Una Cena de Túnez en Dos Horas.** A la venta en Amazon.

⇨ **Una Cena de Egipto en Dos Horas.** A la venta en Amazon.

⇨ **Una Cena de Siria en Dos Horas.** A la venta en Amazon.

⇨ **Una Cena del Líbano en Dos Horas.** A la venta en Amazon.

⇨ **Una Cena Turquía en Dos Horas.** A la venta en Amazon.

⇨ **Una Cena de Persia en Dos Horas.** A la venta en Amazon.

⇨ **Una Cena de Palestina & Israel en Dos Horas.** A la venta en Amazon.

⇨ **Una Cena Andalusí en Dos Horas.** A la venta en Amazon.

OTROS LIBROS COLECCIÓN: ADELGAZAR COMIENDO.

⇨ **Guía para Adelgazar sin Dietas y Comiendo: Perder Peso sin Pasar Hambre.** A la venta en Amazon.

⇨ **Las Recetas Antikilos.** A la venta en Amazon.

⇨ **Las Recetas de Wok AntiKilos. .** A la venta en Amazon.

⇨ **Diez Súper Alimentos que te harán Adelgazar.** Próximamente.

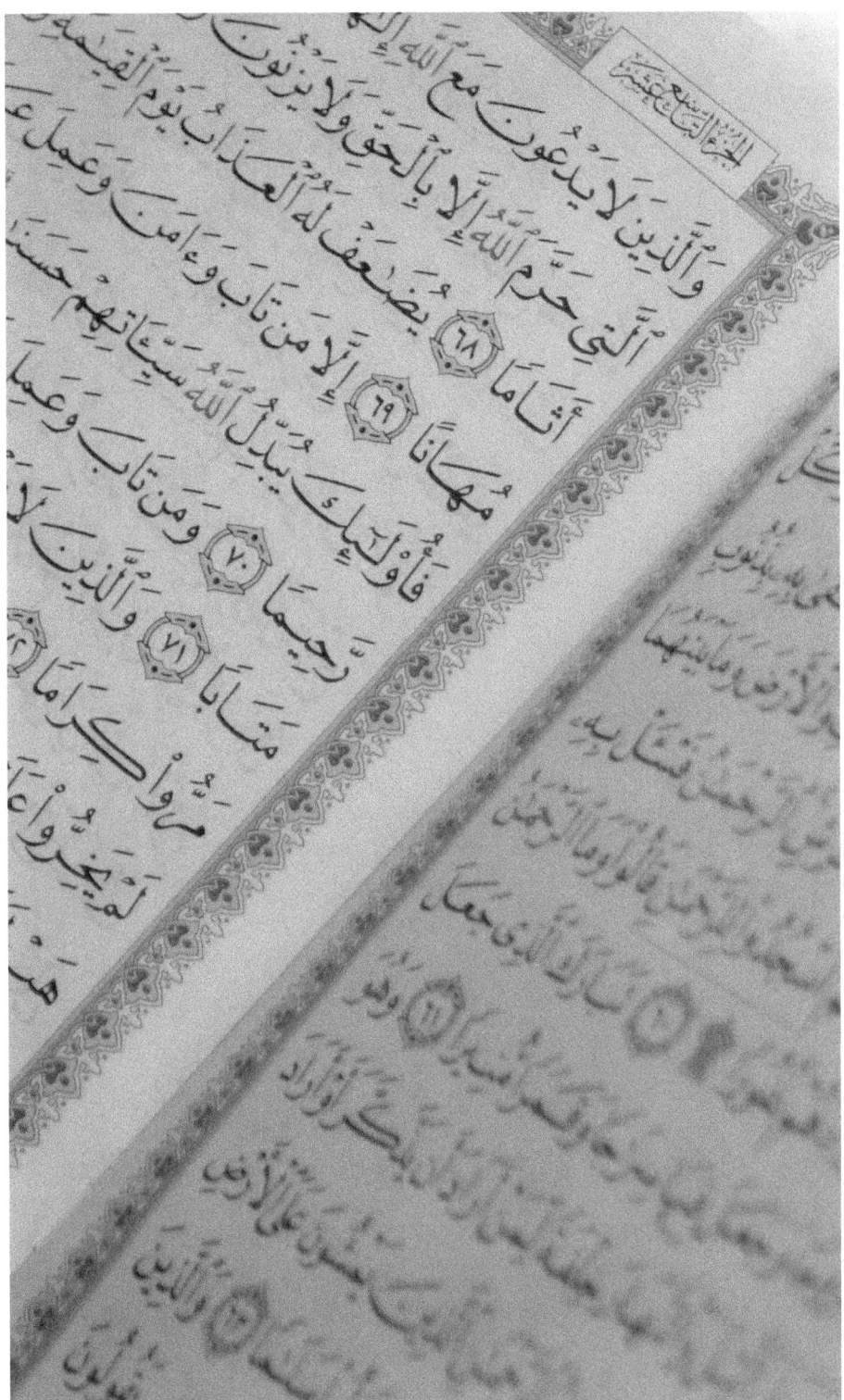

وَٱلَّذِينَ لَا يَدۡعُونَ مَعَ ٱللَّهِ إِلَـٰهًا ءَاخَرَ وَلَا يَقۡتُلُونَ ٱلنَّفۡسَ ٱلَّتِي حَرَّمَ ٱللَّهُ إِلَّا بِٱلۡحَقِّ وَلَا يَزۡنُونَ ۚ وَمَن يَفۡعَلۡ ذَٰلِكَ يَلۡقَ أَثَامًا ۝٦٨ يُضَٰعَفۡ لَهُ ٱلۡعَذَابُ يَوۡمَ ٱلۡقِيَٰمَةِ إِلَّا مَن تَابَ وَءَامَنَ وَعَمِلَ عَمَلًا صَٰلِحًا ۝٦٩ فَأُوْلَـٰٓئِكَ يُبَدِّلُ ٱللَّهُ سَيِّـَٔاتِهِمۡ حَسَنَٰتٍ ۝٧٠ وَمَن تَابَ وَعَمِلَ صَٰلِحًا ۝٧١ وَٱلَّذِينَ لَا يَشۡهَدُونَ ٱلزُّورَ وَإِذَا مَرُّوا۟ بِٱللَّغۡوِ

EL ISLAM O SUMISIÓN A DIOS

"La Alhambra de Granada."

2. EL ISLAM O SUMISIÓN A DIOS

2.1 Orígenes del Islam

Oficialmente se origina con la huida de Mahoma de la ciudad de comerciantes de la Meca a la pequeña ciudad de Medina, en el año 622, llamándose a esta migración Hégira.

Mahoma, perteneciente a una familia de clase alta, pero sin muchos recursos, se casa con una rica viuda que le dobla en edad, lo cual le permite dedicarse a sus grandes pasiones: el viajar, el aprender, el leer, el escribir…

Ese largo aprendizaje cultural, para comprender los males que afectan a su amada tierra, Arabia y el mundo en general, le iluminan, según los musulmanes por Ala, para dar la respuesta y solucionar ese caos que representa los Siglos VI y VII.

Este Siglo VII, que conocemos en Europa como el Inicio de la Edad Media, más bien debería llamarse Edad de las Sombras.

2. EL ISLAM O SUMISIÓN A DIOS

2.2 Porque Surgió el Islam

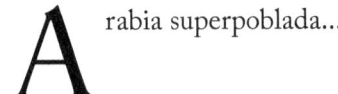

A rabia superpoblada...

Arabia superpoblada, con numerosas ciudades comerciales, que habían vivido durante siglos de ser intermediario entre el Comercio de Oriente y el Comercio del extinto Imperio Romano, ya carece de los recursos en plata y oro para comprar alimentos para su población, que fallecen por miles del hambre, falta de higiene, mientras una elite cada vez más reducidas, monopolizan todas sus riquezas.

Tribus nómadas que colaboraban antaño en las amplias caravanas, como camelleros o escoltas, ya sin ingresos estables, sin alimentos que debían comprar en lejanos países, puesto que el Desierto solo es generoso en arena, sol y muerto, se dedican al saqueo de las escasas caravanas que aún perduran, o a matarse entre ellas, por unos kilos de trigo.

En conclusión, superpoblación, escasez de alimentos, escasez de empleo, violencia generalizada, es el ambiente ideal para grandes cambios...

2. EL ISLAM O SUMISIÓN A DIOS

2.3 Porque Se expandió. Factores Sociales

U na religión que unifica el caos de principios del Siglo VI, cuando la desesperanza y la pobreza abarcaban a la mayor parte de la población de Arabia.

Una Religión que Simplifica, el caos de la Religión Cristiana, demasiado elitista e incompresible para la mayor parte de la población, por su compleja teología.

Una Religión Proselitista, o que trata de convertir a todos, en cambio la Religión Hebrea es cerrada, siendo casi imposible pertenecer a ella, solo el ser hijo de una mujer judía te lo permite.

Una Religión que Premia en Vida, con riquezas materiales o familiares, cohesionando la sociedad.

Una Religión que Permite que cualquiera se convierta en líder espiritual (sacerdote o ulema), a la vez que mantiene su núcleo familiar y económico.

Una Religión que escribe sus hechos en un Libro, pero compresible para todos.

2. EL ISLAM O SUMISIÓN A DIOS

2.4 Porque Se expandió. Factores Políticos

La Iconoclastia o la Guerra Civil entre Cristianos, pues numerosos eran los Obispados, el de Roma, el de Constantinopla, el de Alejandría, este ultimo el más antiguo e influyente en todo Oriente y el Magreb.

La Iconoclastia o la Guerra Civil entre Cristianos, pues numerosos eran los Obispados, el de Roma, el de Constantinopla, el de Alejandría, este ultimo el más antiguo e influyente en todo Oriente y el Magreb.

Roma como capital religiosa y política de la Europa Occidental, Constantinopla como capital religiosa y política de la Europa Oriente, y Alejandría como capital religiosa en todo Oriente y el Magreb, pero sometida políticamente a Occidente, que trata de imponer con sangre y fuego su visión del cristianismo a esa Alejandría.

Esa Alejandría que se niega a reconocer las imágenes de personas o Iconoclastia, como parte del Cristianismo primigenio, esa Alejandría, que mantiene una verdad más pura con respecto al cristianismo, es sometida una y otra vez a la tiranía de los herederos del Imperio Romano.

2. EL ISLAM O SUMISIÓN A DIOS

2.5 Porque Se expandió. La Explosión

Una Arabia unificada, por un nuevo profeta, con una Religión mas desecada a sus tiempos, conquista fácilmente este Oriente y Magreb, puesto que los cristianos de estas amplias zonas tienen más en común con el Islam, que con ese Cristianismo elitista europeo, y de paso, se ahorran esos abusivos impuesto que les exigen desde las lejanas Roma y Constantinopla.

Un líder religioso, el Califa, descendiente de Mahoma, es su líder político unificador, puesto que NO existe una separación entre religión y política, el concepto occidental de "Lo de Dios para Dios, y lo del Cesar para Cesar", es solo un concepto occidental, incompatible con el Islam y el buen musulmán.

Primero la familia de los Omeyas, a posteriori las de los Abiisies, son los nuevos Califas del mundo islámico.

Desaparecidos estos, reinos minúsculos o Taifas, gobernados por señores de la guerra, aparecen y desparecen periódicamente, pero sin legitimidad religiosa o política.

Nuevos Califatos surgen, pero de duración limitada, los Almorávides o Almohades en el Magreb, o el Imperio Otomano en Oriente y los Balcanes que perduro cinco siglos, y actualmente incipientes Califatos como el de Siria e Irak, que simplemente se limita a copiar el Califato de los Nazaríes o Asesinos de los Siglo X al XIII, la implantación del Islam por la violencia extrema.

2. EL ISLAM O SUMISIÓN A DIOS

2.6 Porque Se sigue Expandiendo

En pleno Siglo XXI, los problemas originales de los Siglos VI y VII se repiten, Unas Elites acaparan las riquezas dejando al resto de la población en la pobreza, un Mundo Occidental acaparan las riquezas y tratan de imponer una visión corrupta del mundo (ateísmo, promiscuidad, carpem diem, etc).

La sencillez del Islam, fuera de grandes discusiones filosóficas occidentalitas, con un método de aprendizaje muy eficaz, la Repetición: Rezar Cinco veces al día, Repetir mil veces las mismas frases slogan en cada rezo, Ayunar cuarenta veces seguridad o el Ramadán, leerse Mil veces el Corán, hasta que se aprende letra por letra, y podemos dictarlo de memoria, es otro de sus pilares, para que cada vez se impongan a otros religiones o en países ateos (laicos según concepto occidental).

Debemos recordar que todo buen musulmán, tiene una serie de obligaciones, ayudar al pobre o la limosna, formar una Familia, convertir a los miembros de otras religiones al Islam.

También dejo claro Mahoma, que los Ateos y otras gentes sin valores o moral, jamás serán buenos creyentes, por lo cual, algunos interpretan, que el uso de la violencia contra ellos, estas justificada.

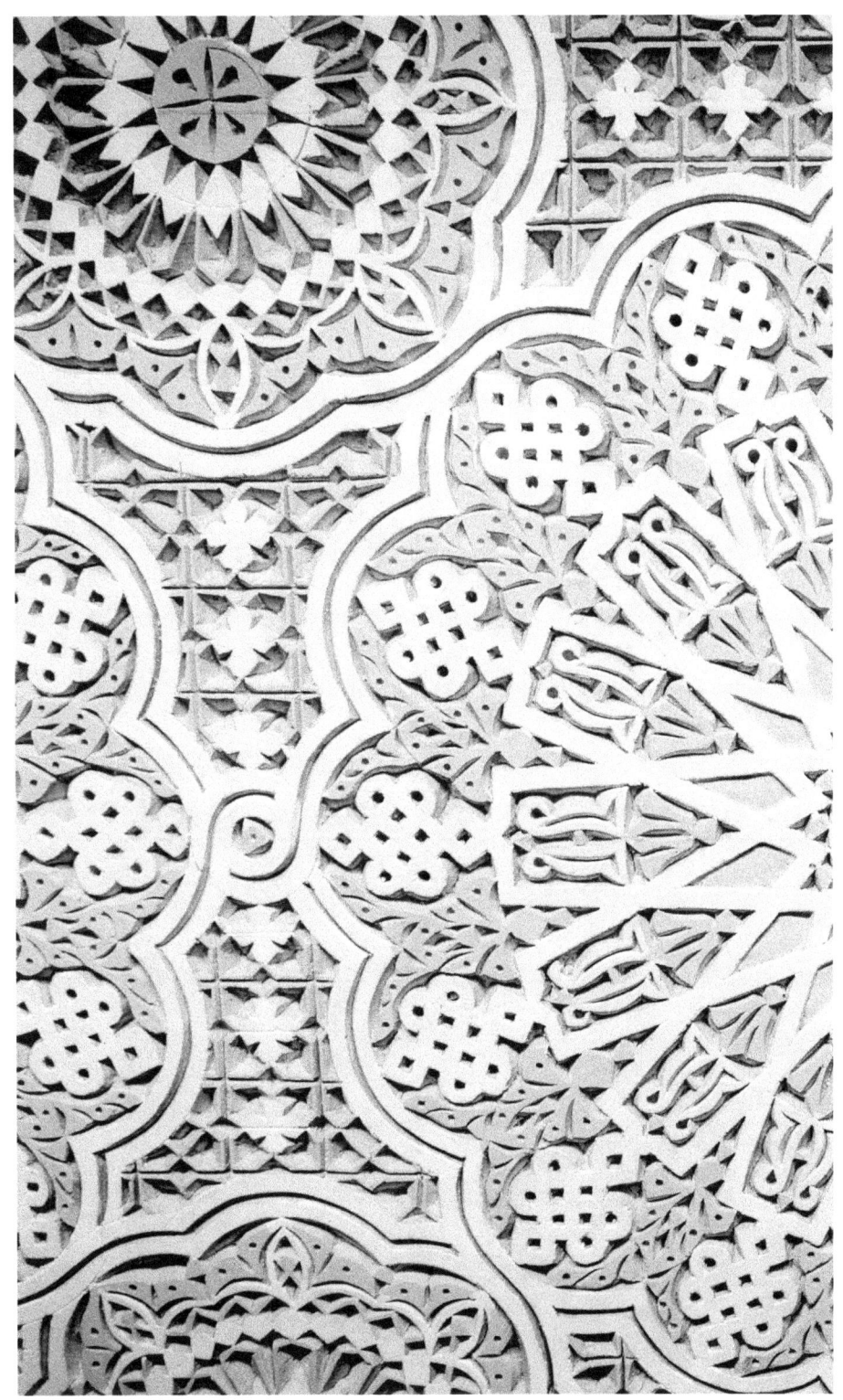

EL ISLAM Y EL ARTE

"La Alhambra de Granada."

3. EL ISLAM Y EL ARTE

3.1 Islam es Arquitectura

E l Islam, como el Cristianismo primitivo, prohíbe expresamente la representación de seres vivos, de personas, solo recordar la actitud de Jesucristo en el Templo, cuando expulsa violentamente a los mercaderes.

Por ello, la Escultura o Pintura, desparecen de su Arte, existiendo otras alternativas, como el Baile para alcanzar el éxtasis con Dios o Derviches, pero ya en siglos mas tardíos, estrictos ulemas lo prohibieron, por incitar a la desidia o la lujuria.

Es la Arquitectura donde se representa la grandiosidad del Islam, pero entendiendo que lo único eterno es Ala, por ello sus construcciones, a nivel arquitectónico emplea materiales de baja calidad (ladrillos de barro), edificas de una sala planta, decorándolos con exquisitez para ocultar esta fragilidad constructiva y de paso, engrandecer la belleza de las palabras del Profeta y su sometimiento a Ala.

3. EL ISLAM Y EL ARTE

3.1 Islam es Arquitectura

El Islam, como el Cristianismo primitivo, prohíbe expresamente la representación de seres vivos, de personas, solo recordar la actitud de Jesucristo en el Templo, cuando expulsa violentamente a los mercaderes.

Por ello, la Escultura o Pintura, desparecen de su Arte, existiendo otras alternativas, como el Baile para alcanzar el éxtasis con Dios o Derviches, pero ya en siglos mas tardíos, estrictos ulemas lo prohibieron, por incitar a la desidia o la lujuria.

Es la Arquitectura donde se representa la grandiosidad del Islam, pero entendiendo que lo único eterno es Ala, por ello sus construcciones, a nivel arquitectónico emplea materiales de baja calidad (ladrillos de barro), edificas de una sala planta, decorándolos con exquisitez para ocultar esta fragilidad constructiva y de paso, engrandecer la belleza de las palabras del Profeta y su sometimiento a Ala.

3. EL ISLAM Y EL ARTE

3.2 Islam es Arquitectura Religiosa y Califal

La **Mezquita** y secundariamente la **Madraza,** son sus primeras obras arquitectónicas.

La Mezquita, un edificio de una solo planta, rectangular o en forma de T, abierto, capaz de albergar miles de creyentes para el rezo, todo unidos sin diferencias sociales, siempre mantiene una estructura básica: Un gran patio, con una fuente para las ablaciones o limpieza, una Sala de Oraciones o Haram, que suelen ser numerosas naves soportadas por frágiles columnas en arco, un muro o Gibla en dirección a la Meca, el Mihrab o un nicho que nos indica el lugar exacto donde está la Meca, y el Minarete o Alminar, donde un ulema especializado llama al rezo.

Existen diferentes mezquitas, que se escapan de estos estilos más clásico, como la octagonal, de la cual la Mezquita del Haram de La Meca es un buen referente.

La Madraza o Escuela Coránica, suele ser un edificio anexo a la mezquita, disponiendo, además de las habituales aulas, de una zona de dormitorios para los alumnos y profesores, además de patios y pequeños jardines.

El **Palacio para el Califa** o Reyes, y **Mausoleos** para su descanso eterno, son sus otras obras arquitectónicas.

La **estructura de los Palacios** Musulmanes, se basa en un Pabellón o Palacete, con un espacio abierto en su centro, con una Fuente y pequeños jardines regados, y alrededor se sitúan las diversas salas o habitaciones.

La amplitud y números de estos pabellones es variable, dependiendo del periodo histórico.

En el exterior, amplios jardines y estanques con agua fresca, con una gran plaza para actos oficiales o desfiles militares, todo ello situado dentro de una Alcazaba, con un grueso muro de ladrillos rojizos (barro con agua secados al sol, de arena rica en hierro, que les da ese característico rojo).

3. EL ISLAM Y EL ARTE

3.2 Islam es Arquitectura Religiosa y Califal

La **Arquitectura militar o Alcazaba,** se entremezcla con el Palacio, ya que su objetivo es defender a sus líderes, que son a la vez religiosos y políticos, ajunos con un pequeño Pabellón o Palacio, otros con múltiples Pabellones.

Disponen de numerosas viviendas para los soldados y sus familiares, un gran Aljibe o depósito de agua para poder resistir prolongados asedios, y un Alcázar, es decir, un pequeño castillo, mas fortificado aun, por si lograban penetrar sus defensas.

El **Mausoleo o Tumba de los Califas** o Reyes, suelen ser cuadrados, con una cúpula en la parte superior, y una zona ajardinada a su alrededor, y una cuidada decoración interior, donde abundan los motivos labrados en Oro, mármol y madera.

3. EL ISLAM Y EL ARTE

3.3 Islam y Elementos Arquitectónicos

Tres son los elementos que destacan en su construcción, utilizando como material base débiles ladrillos (barro con agua secados al sol):

El **Arco de Herradura visigodo**, mal llamado arco árabe, de orígenes iberos, pero de uso extensivo por la arquitectura religiosa y palaciega visigoda, ya casi extinta, por la destrucción sistemática a que fue sometida por los árabes y los nuevos conversos musulmanes.

Diferentes versiones aparecen a posteriori, arco de herradura apuntado o túmido en forma de ojiva o punta, arco de herradura lobulado que son varios arcos multiplicados dentro de un arco de herradura principal, el arco de herradura mixtilíneo que son una combinación de aros curvos o de herradura con líneas más rectas, arcos de herradura cortinas que son dos arcos yuxtapuestos, etc.

La **Cúpula Bizantina**, mal llamada cúpula árabe, ya que originalmente las mezquitas carecen de cúpulas, a posteriori, se empiezan a implantar, pero construidas en ladrillo y madera, de escaso peso, pero decoradas extensamente para aparecer imponentes, y no es hasta la conquista de Constantinopla, por los Otomanos, cuando empiezan a construir en piedra.

El **Alfiz**, de origen etrusco-romano, que se utiliza en Al Ándalus en el ya temprano siglo VIII, y se expande a los países musulmanes, es simplemente, una moldura o marco, que protege y embellece al arco de herradura.

A posteriori, llega hasta el suelo, aportando una belleza extra, ya que sobre él se utilizan diferentes métodos decorativos.

Adicionalmente, pequeñas columnas cilíndricas de piedra o mármol, sustentan los arcos y el techo, sin base, y en la parte superior, el capitel, son de estilo bizantino, de caras planas muy decoradas.

3. EL ISLAM Y EL ARTE

3.4 Islam es la Decoración en la Arquitectura

E sta precariedad en los materiales constructivos (ladrillo) y asumir que lo único eterno es Ala, hacen que surja una explosión en la decoración, fundamentada en:

Yeserías o Estuco, diferentes variedades de lo mismo, protegen las paredes de ladrillo, y son utilizados como base para una exquisita decoración, ya sea mediante arabescos, caligrafía árabe, o tintes de colores múltiples.

La Madera, de la cual el Cedro del Atlas era la más demandada, finamente labrada con motivos arabescos, y a posteriori recubierta de diferentes tintes de colores variados, es muy utilizada para recubrir bóvedas, arcos y paredes.

Los Azulejos, ya utilizados en la Persia de los Aquemidas, que lo aprendieron de los Asirios o quizás antes, es una pieza de cerámica o barro, con una de sus caras vidriada, aplicando un barniz que al cocerlo deja ese brillo característico, pero fue en Al Ándalus donde alcanzo su mayor esplendor, con sus formas geométricas propias, se volvió a expandir al mundo árabe.

Suelen ser utilizados en las paredes, más cercanas al suelo, una costumbre que aun se mantiene en muchas casas andaluzas.

Al no poder representar seres vivos, y en particular personas, los motivos aplicados son:

Figuras Vegetales o Arabescos, que son motivos basados en hojas de palmeras, granados, piña, de forma estilizada, que se mezclan y superponen, de forma ordenada, hasta ocupar toda la superficie, representando diferentes figuras geométricas.

Caligrafía, árabe cursiva, normalmente con frases del profeta Mahoma, en otras ocasiones proverbios, ya que en la cultura musulmana la palabra escrita, ya sea en forma de Libro o en las paredes, tienen el máximo respeto, siendo inclusive sagrada según el concepto occidental, por ello, el insulto escrito hacia el Islam, es algo que un musulmán nunca perdonara.

3. EL ISLAM Y EL ARTE

3.5 Islam y Estilos Arquitectónicos

Cuatro son los estilos arquitectónicos: **Califal, Taifal, Almorávide-Almohade y Nazarí,** acompañados de estilos regionales con una identidad propia, ya sea el **Mudéjar** español, la Otomana, la Tumurida, la Mogul o la Afro islámica.

3. EL ISLAM Y EL ARTE

3.5.1 El Estilo Califal, destaca por dos grandes obras.

E stilo Califal.

La Meca, con su Mezquita del Haram, de origen Omeya y liego ampliada por los Abasíes, reformada en el Siglo XX, para dar cabida a más de un millón de personas pero su acceso es imposible para los no creyentes.

Córdoba, con su Mezquita Catedral o Catedral de la Asunción de Nuestra Señora, construida sobre una previa Basílica cristiana visigoda, mandada construir por el primer emir Omeya de Al Ándalus, Abderramán I, el único superviviente de la matanza cometida por Abasíes a su familia.

Construida con columnas de origen romano y visigodo, imitando a un palmeral, recordando a los extensos palmerales de su Damasco natal.

Fue ya el proclamado Califa Abderramán III, quien construye un nuevo minarete, que aún perdura dentro del campanario, pero es su sucesor Alhakén y el tirano Almanzor quienes les da su esplendor definitivo, ampliándola, añadiendo cúpulas bizantinas y puertas en arco de herradura, bellamente decoradas, en Oro, Estuco, Arabescos, etc.

Con la conquista de la ciudad por las tropas cristianas de Fernando III de Castilla, se transforma en catedral, respetando la mayor parte de su arquitectura de estilo califal, y ocultando el resto a las miradas de los cristianos as rígidos.

Descubrirla solo merecería un extenso libro, no está brece introducción, y solo recordar que está abierta a su visita a cualquier persona, sin incorporar sus creencias, sexo o color.

Existía otra gran mezquita, que era digna de incluir en este listado, la **Mezquita de al-Mutawakkil de Samara** en Irak, pero fue destruida parcialmente tras la conquista mongola, y la Guerra Civil en Irak, ha rematado el fin de esta obra cumbre del estilo califal abasíes.

3. EL ISLAM Y EL ARTE

3.5.1 El Estilo Califal, destaca por dos grandes obras.

Con respecto a los **Grandes Palacios de estilo Califal,** los de origen Omeya en Damasco, hace tiempo que se extinguieron, y los de la dinastía Abasíes en Samara, corrieron el mismo destino, y el tercero de ellos, el de los Omeyas andalusíes:

Medina Azahara, el último de los grandes palacios califales, terminado de construir por Almanzor en la Córdoba Imperial, aun se puede visitar, aunque sus restos solo nos dan una visión limitada de su pasado esplendor.

Una **autentica Ciudad Palacio,** con tres partes bien diferenciadas, que ocupaba un millón de metros cuadrados, entre las cuales destaca el Palacio o residencia de los Califas y/o Almanzor, la mejor conservada o Ciudad Oficial con los palacetes de los Visires o Ministros, de la Guardia Imperial, edificas Administrativos con sus amplios jardines, y la tercera ciudad, la de las viviendas de los comunes (soldados, artesanos, funcionarios).

Todo ello separados por murallas defensivas, y como nexo de unión, la Mezquita Aljama, pero describirlo todo en breves palabras no es posible, así que, viajar a Córdoba es imprescindible si deseamos saber que es el Arte musulmán califal.

3. EL ISLAM Y EL ARTE

3.5.2 El Estilo Taifal, propio de Al Ándalus

Estilo **Taifal.**

El Estilo Taifal, propio de Al Ándalus, se extendió por el resto del mundo árabe, y destacan por dos tipos arquitectónicos, **el Palacio Fortaleza y la Alcazaba militar.**

Dos ejemplos representan del **Palacio Fortaleza Taifal,** uno en la lejana **Jordania y otro en España.**

Palacio de Msatta, en Jordania, el primero en ser construido, como residencia de invierno de los Omeyas, con el típico muro de ladrillos rojizos, con un mínimo de 25 torreones defensivos, una pequeña zona palaciega con unos amplios jardines, la omnipresente mezquita, bóvedas arqueadas, pero solo encontremos ruinas mal conservadas si nos decidimos a visitarla.

Palacio Fortaleza de la Aljafería, perfectamente conservado, situado en Zaragoza, del Siglo XI y Patrimonio de la Humanidad, en su aparte más antigua, la Torre del Trovador del Siglo IX, es su primer baluarte defensivo, con los omnipresentes arcos de herradura, caligrafía mudéjar.

Construido de forma cuadrada irregular, con altos torreones defensivo, en cuya parte central se encuentra las residencia reales, rodeadas de unos hermoso jardines, fuentes y un gran aljibe, y una mezquita para uso exclusivo de los reyes taifales, todo ellos nos recuerda a las fortalezas palacios del lejano desierto de Oriente Medio.

Con su conquista por los cristianos, se construye una Iglesia de estilo gotico-mudejar, se amplía la zona palaciega con habitaciones de estilo mudéjar, y como residencia temporal de los Reyes Católicos, se amplía la decoración con motivos que nos recordaran a ese nuevo estilo llamado Renacimiento.

El mismo dilema, describir algo en diez líneas, cuando se necesitarían cien páginas como mero resumen, por ello, mejor viajará a disfrutarlo...

3. EL ISLAM Y EL ARTE

3.5.2 El Estilo Taifal, propio de Al Ándalus

Las **Guerras continuas son típica**s de este periodo, donde docenas de reyezuelos hacen que su pueblo malvivía y sangre por ellos, y fiel reflejo de ello, son las Alcazabas, fortalezas militares que protegían las ciudades del asedio enemigo, muchas fueron construidas, pero solo una destacada entre ellas, por su conservación, calidad en los materiales y tamaño.

La Alcazaba de Málaga, construida en las laderas del Gibralfaro, con su imponente Castillo de origen romano, pero ampliado como reserva de tropas, en caso de que la Alcazaba fuera atacada o fuera conquistada.

Con sus más de quince mil metros, que ponía mantener a una guarnición de diez mil soldados, similar en tamaño al Crac de los Caballeros, esa olvidada fortaleza que construyeron los cruzados, que resistió el asedio de Saladino, y aun en pleno Siglo XXI es utilizado como base militar inexpugnable.

Dilema es su origen, algunos dicen que lo construyo el Rey de la dinastía Ziri, Habús, saqueando el Teatro Romano que se encuentra a escasos metros, otros, que era de origen romano, siendo ampliado por dicho rey, todo esto referido al Siglo X.

Almorávides, Almohades y Nazaríes granadinos lo amplían, resintiendo el asedio de los Reyes Católicos durante meses, en el año 1487 y como castigo, se extermina a toda la población masculina, y a los niños y mujeres son vendidos como esclavos, para financiar el ataque a la Granada nazarí, y la ciudad es repoblada por cristianos, de la cual descienden todos los malagueños actuales, por mucho, que incultos actuales malagueños, hablen de la sangre árabe que corre por su venas.

Un parte exterior, con una triple muralla defensiva, numerosos torreones, estrechas puertas que recorren amplios pasadizo para que sea más difícil su acceso, destacan en esta parte de la construcción.

Numerosas puertas, como las de la Columnas o del Arco y bóvedas deberemos atravesar, pasando por la Plaza de Armas, donde una incipiente artillería defendían el Puerto de los buques enemigos, para llegar a los Palacios Taifal y Nazarí.

En la parte superior, se encuentra los Cuartos Granada, de claro estilo

3.5.2 El Estilo Taifal, propio de Al Ándalus

nazarí, con sus arcos de herradura decorados, su alberga y fuentes, pequeños jardines, donde residían los gobernadores o caíd musulmanes.

También están las habitaciones de estilo Taifal, mas sobrias, pero hermosas a la vez.

Un típico barrio de viviendas, donde residían las soldados, forma parte de su diseño, en la parte superior de la Alcazaba.

Mi amiga Narda, gran conocedora de la Alcazaba malagueña, hará de guía en esta visita a ese pasado andalusí malagueño.

3. EL ISLAM Y EL ARTE

3.5.3 El Estilo Almorávide y Almohade

E stilo **Almorávide y Almohade.**

El Estilo Almorávide y Almohade, el primero ya desparecido, aunque algunos pequeños detalles podremos encontrar **en Marrakech,** capital del Imperio Almorávide, **La Cúpula Almorávide o Qubba Barudiyne,** una verdadero obra de arte (en mi nuevo libro, Un Viaje Gastronómico por el Magreb, obtendréis mas información), o la **Mezquita de Tremacen,** en Argelia, pero poco mas queda de ello, siendo destruido su patrimonio arquitectónico, por otro Imperio, más intolerantes.

El Estilo Almohade, destaca por la utilización de los **mocárabes** (prismas yuxtapuestos, que son como estalactitas, que caen de las bóvedas, que luego copiaron el estilo nazarí y mudéjar).

En la decoración destacan por su sobriedad, haciendo escasos uso del estuco, maderas policromadas, etc.

En lo arquitectónico, imitan las mezquitas almorávides, pero impresionan con sus minaretes o alminares, desde el cual los ulemas llaman al rezo, la mayor es la Kutubía de Marrakech, con 69 metros de altura, sus azulejos verdes o sus bolas de Oro puro.

La de Rabat, está incompleta, pero aun impresiona los cientos de columnas de mármol, ese esqueleto incompleto de la que a ser la mayor mezquita del mundo.

O la de Sevilla, **la Giralda,** reciclada a campanario de esa Catedral, que incorpora medias docenas de estilos arquitectónicos.

Dos capitales imperiales debemos visitar si deseamos aprender del **Arte Almohades, Marrakech y Sevilla.**

3. EL ISLAM Y EL ARTE

3.5.3 El Estilo Almorávide y Almohade

En Marrakech, además de la Kutubía, la **Puerta Bab Agnaou** con bonita decoración, con motivos florales y arcos de herradura, el Estanque de Menera de 30.000 metros cuadrados rodeado de un inmensos olivar, o los Jardines de Agdal destacan entre ellos, y si vamos a la otra ciudad almohade, Rabat, e encontraremos la Kasbah de los Oudayas con su destacable Puerta de Bab el Kebir, mas emparentado con el Arte Militar que es la Alcazaba.

En Sevilla, además de la Giralda, aun perdura la **Torre del Oro,** siendo dodecágonal (doce lados) en su base, que formaba parte de las murallas defensivas de la ciudad, que debieron ser impresionantes, además de diversas Alcazabas militares como la de Badajoz que aún conserva uno de sus Torreones defensivos.

Lo que es único, un Palacio con trazas Almohades, ya que su austeridad, pues preferían la militar a lo civil, es el **Real Alcázar de Sevilla.**

El Real Alcázar de Sevilla fusiona los estilos califales y almohades, con el gótico y el renacentista europeo, con el gran desconocido, una arte propio español, el arte mudéjar.

En los Jardines del Real Alcázar, encontremos **el Jardín andalusí** entre las características propias del Renacimiento, fundiendo confundirse con ese Paraíso prometido a los mártires musulmanes.

Otro dilema, uno de tantos, pues describir una de las obras cumbres del arte andalusí, almohade, mudéjar y renacentistas como es el Real Alcázar de Sevilla, es imposible en breves palabras, por lo cual, lo dejaremos para una visita a Sevilla.

3.5.4 El Estilo Nazarí

E stilo **Nazarí.**

El Estilo Nazarí, objetivo de esta breve introducción, la detallamos en un capitulo exclusivo, pero debemos recordar, que además de a **Alhambra**, a posteriori, de mano de la dinastía Saaides, se construyo el **Palacio de El Badi**, estilo nazarí rebosante, y para imaginarnos su tamaño, con una pequeña parte saqueada de esa inmensidad fue construida toda una Ciudad Imperial, la de Meknes.

3.5.5 El Estilo Mudéjar

E stilo **Mudéjar**

El Estilo Mudéjar, algo propio exclusivo de España, se desarrolla en la España Cristiana de mano de súbditos musulmanes, quizás debería ser llamada Arte Español, pero al ser desconocidos por terceros, y confundido por muchos incultos con otros estilos (califal, nazarí, gótico, renacentista), le dedicamos un capitulo exclusivo.

3.5.6 Otros Estilos del mundo Islámico

E stilos **del mundo Islámico.**

Otros Estilos del mundo islámico, es el **Mogul o Islámico de la India,** destacando ese Mausoleo Musulmán llamado **Taj Mahal,** o el Timúrida, con su Gur-e Amir o Mausoleo de Tamerlan en Samarcanda, con un inmenso bloque de jade verde que protege su Tumba, o **el Otomano,** con su **Mezquita de Süleymaniya,** y el más desconocido, el Afro Islámico, identificado por la **Mezquita de Djingareyber de Tombuctú,** del año 1327, obra del genial arquitecto andalusí Abu Haq Es Saheli.

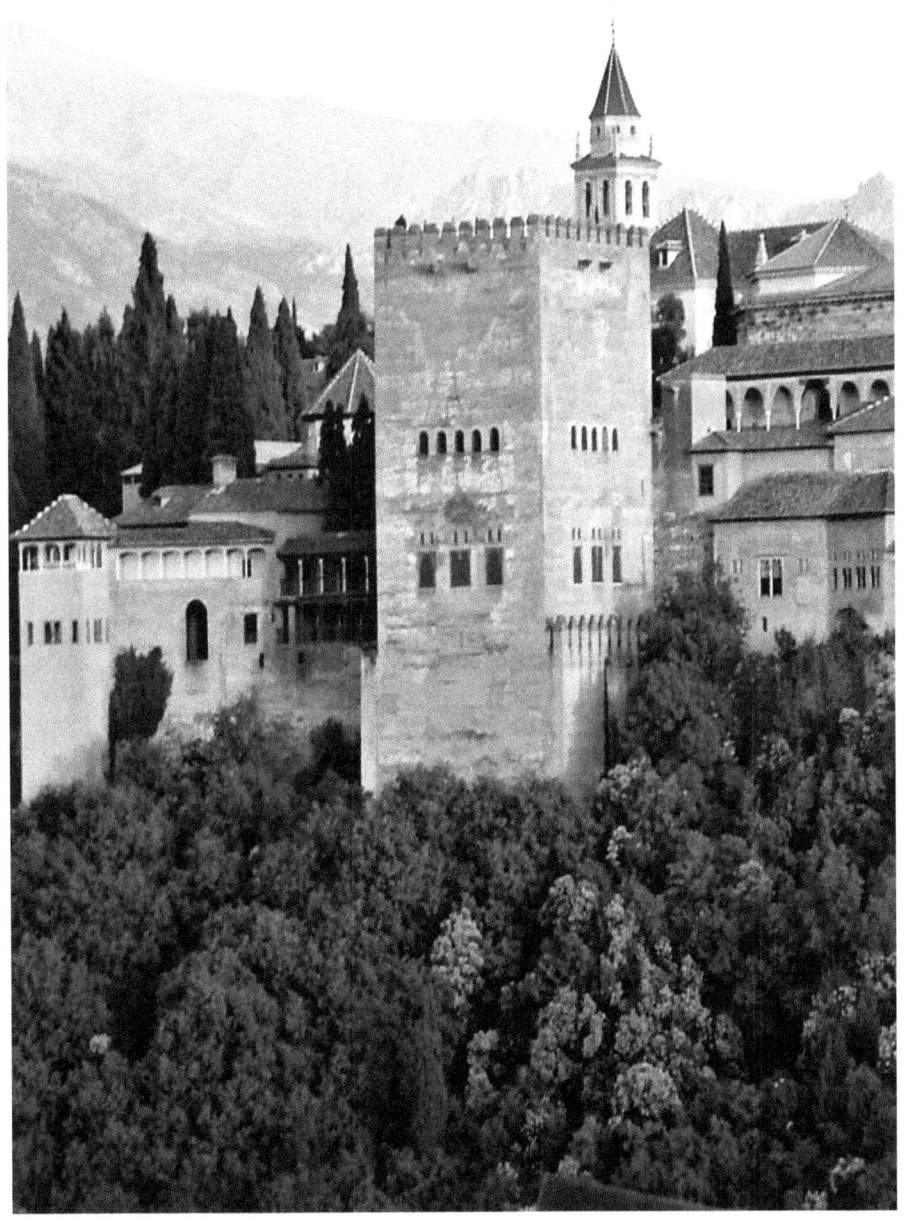

GRANADA NAZERÍ

"La Alhambra de Granada."

4. GRANADA NAZERÍ

4.1.1 Granada Ibera, Romana y Visigoda.

Ciudad cuyos orígenes se remontan unos miles de años atrás, ha sido todo o nada, de periodos de gran esplendor, a un abandono total, así ha sido su vida, y quizá lo sea en un futuro lejano...

Iliberri o Iliberi es la trascripción latina de la palabra ibérica Ilturir, lo que supone que la ciudad romana se fundó sobre un aldeula ibérico sobre el siglo VIII, en la **colina del Albaicín**, que se convirtió, un siglo más tarde, en un oppidum o ciudad ibérica.

Los restos aparecidos en el solar de la Mezquita de la Comunidad Islámica de España, que completan los encontrados en el **Carmen de la Muralla** y de los de la **plaza del Almirante,** serían los límites de esta ciudad urbana de más de 70.000 metros cuadrados.

4. GRANADA NAZERÍ

4.1.2 Granada Ibera, Romana y Visigoda.

En la **Segunda Guerra Púnica**, enfrentamientos entre los mercenarios hispanos y bereberes al mando de Aníbal de Cártago, contra las Legiones romanas, esta ciudadela ya amurallada, es conquistada quizá por métodos poco violentos al nuevo Imperio Romano.

En el Siglo I a.c, obtiene el título de municipio, informaciones de ello obtenemos de las citas del historiador Plinio y en las numerosas inscripciones latinas encontradas en el barrio del Albaicín, que ya contaba con su propio Foro, y como núcleo central en el Carmen de la Concepción.

Poco podemos ver de estos periodos íberos y romanos, solo **caminar por donde pasaron las tropas de Aníbal y las Legiones de Julio César…**

⇨ Hecho más relevante, **es el Concilio de Elvira**, reunión de todos los obispos de la Cristiandad que se celebró hacia el 302 y que es **el primero del que se conservan actas escritas.**

Importantes conclusiones o cánones se dejaron por escrito, entre ellos, el **Celibato entre el sacerdocio**, algo de largo debate, que solo la sinrazón de Obispos como Osio de Córdoba, fue de obligatorio cumplimiento.

Según algunos investigadores, la asamblea se congregó en **algún lugar del Albaicín**, en las cercanías del **Mirador de San Nicolás.**

4. GRANADA NAZERÍ

4.1.3 Granada Ibera, Romana y Visigoda.

E l Mirador de San Nicolás y el bueno de Bill Clinton.

Hermosas vistas de Granada y de la Alhambra, desde el Mirador de San Nicolás, podemos disfrutar, y una anécdota curiosa, el bueno de **Bill Clinton,** algo mujeriego siempre fue, **viviendo una larga temporada en Granada,** y cuando **visito esta ciudad ya siendo Presidente** de EE.UU, pidió ir al mirador más bello del mundo, **y lo llevaron al de San Nicolás,** allí **dijo que ese no era desde el cual lograba que sus amores se rindieran a sus brazos,** pero aún venden a los turistas gringos, el mito de que es el más bello mirador del mundo, según su ex presidente Bill Clinton.

En esta época del tardío Imperio Romano, el Albaicín debería ser aún una ciudad importante de la Bética e Hispania, y ya estamos en el eterno debate: **¿Iliberri es Elvira?**

Algo de lo cual nadie es capaz de aseverar, pero la lógica es una buena herramienta a veces, desplazarse unos kilómetros para construir una nueva ciudad para que vivan los humildes o el pueblo, es mal negocio, solo es válido para las élites, para que así puedan distanciarse de los sometidos.

⇨ **Dos siglos más tarde,** después del concilio, llegaría la plena desintegración del Imperio Romano, y con ella, el mundo visigótico.

En esta época, Granada debió ser una ciudad de relativa importancia, como demuestra que su nombre aparezca en los sucesivos concilios celebrados en la capital del Reino Visigodo, Toledo.

Poco más disponemos de esta época que breves relatos y pocos restos arquitectónicos.

También hay constancia de una **próspera comunidad hebre**a, ya asentada, lo que le valió el nombre de "Granada de los Judíos", ya en el temprano Siglo III, que perduró, con razias o matanzas periódicas por parte de los gobernantes musulmanes, hasta fines del Siglo XV.

4. GRANADA NAZERÍ

4.2.1 Granada Musulmana o Qasabat Garnata

O tros **siglos de oscuridad**, tapan como un espero manto a esta Granada, o primer periodo musulmán, aunque a fines del **siglo VIII,** ya se vuelve a nombrar la ciudad de Medina Elvira, situada al pie de la próxima Sierra de Atarfe, siendo capital de la Cora o provincia musulmana de su mismo nombre hasta el siglo XI con la desaparición del califato.

La antigua Iliberri romana y la nueva "Granada de los Judíos", permanecen en un oscuro silencio, quizás exterminados por el nuevo conquistador musulmán, aunque algunas míseras casas de agricultores debieron perdurar en el llamado Albaicín, núcleo vertebrador de la historia granadina.

También es posible que existiera **alguna fortificación defensiva** de apoyo para la **Qasabat Garnata** (Castillo o Alcazaba de Granada), uno de los orígenes de la Alcazaba de la Alhambra de Granada

4. GRANADA NAZERÍ

4.2.2 Granada Musulmana o Qasabat Garnata

La historia más conocida de la ciudad de Granada empieza en el siglo XI tras la **Fztna o Guerra Civil del Califato del Al Ándalus**, tras la muerte de Almanzor, que dejó un legado de terror comandados por docenas de Señores de la Guerra, de procedencia norteafricana.

Uno de esos Señores de la Guerra, de origen bereber, comandante de tropas mercenarias, fue el **General Zawi Zirí**, que había destacado en la caótica vida político militar cordobesa del ya casi extinto Califato de Al Ándalus.

Cuando el **Oro de sus soldados ya no llegaban**, y el saqueo no generaba riquezas suficientes, **decide regresar con sus tropas a su tierra de origen** en el norte de África. Zirí fue muy bien recibido por los **habitantes de Medina Elvira**, los cuales le rindieron pleitesía, entregándole el poder y **solicitando su protección ante los Mil y Un Señores de la Muerte** que campaban a sus anchas por esta Al Ándalus, ante lo cual, entre luchar por unas míseras piedras en el Magreb natal o luchar por las ricas Vegas granadinas, tomó esta última decisión.

Como militar, asumió que **Medina Elvira era indefendible**, y decidió **trasladar la capital** de su nuevo reino Zirí a lo que entonces se conocía como **Qasabat Garnata** (Alcazaba de Granada), que refuerza como fortaleza, y capital militar de este reino Taifal.

La Historia se repite, ya que en siglos anteriores se abandonó Iliherri en favor de Medina Elvira, ahora se producía el fenómeno inverso y volvía a renacer la ciudad Iliberri, llamada ahora Granada o Albaicín.

Hablar de la Granada del siglo XI es hablar del Albaicín, donde un nuevo afán constructor renace, hacen levantar una Nueva Medina, de unas 75 hectáreas de superficie e importantes realizaciones urbanas, la creación de nuevas murallas defensivas o **Qasabat al-Qadima** (Alcazaba Vieja o Alcazaba Cadima), que se extendían hasta la actual Alcazaba de la Alhambra.

4. GRANADA NAZERÍ

4.2.2 Granada Musulmana o Qasabat Garnata

Otras construcciones que aún perduran en parte, el **Puente del Cadí,** o la **Mezquita de los Morabitos,** de la cual se conserva el alminar musulmán reconvertido en **Campanario de la Iglesia de San José,** pudiéndose aún observar alguno de los arcos de herradura originales, de hace casi mil años.

4. GRANADA NAZERÍ

4.2.3 Granada Musulmana o Qasabat Garnata

E l Fin de los Ziries.

Destronado el último monarca Zirí en el año 1090, por la **Invasión Almorávides**, se instalan en la **Alcazaba de Granada**, seguidos a continuación por los **más estrictos Almohades**, que practican sus habituales razias contra cristianos, judíos y musulmanes poco practicantes, convirtiendo esta **Alcazaba en una guarnición permanente para el control del Terror** de estos díscolos andalusíes, hasta que finalmente son **aniquilados en la Batalla de las Navas de Tolos**a en el año 1212, por parte de un pequeño ejército cristiano procedente de una docena de lugares distintos, a esa masa de 200.000 soldados almohades fanatizados.

Muchos desconocen quiénes fueron los Almohades o la derrota que sufrieron en las Navas de Tolosa, que **son los mismos que se sorprenden de los salvajes atentados yihadistas en Europa,** ese es el problema del desconocimiento de la Historia, que para nuestra desgracia, se repite en un ciclo infinito...

Restos de las murallas Ziríes o un gran depósito de agua de esta época o **Carmen del Aljibe del Rey,** podemos admirarlas en el Barrio del Albaicín.

4. GRANADA NAZERÍ

4.3.1 Granada Nazarí o la Alhambra

E l Reino Nazarí, es fundado por un noble de la otrora poderosa **familia Banu Nasr,** señores antaño de la lejana Taifa de Zaragoza, perdedores de guerras ante las huestes cristianas, y asentados como **ricos terratenientes en Arjona,** en la provincia de Jaén.

Este **Muhamad I,** desafiando al poderoso Señor de la Guerra de la Taifa de Murcia, se **proclama Emir de Arjona,** conquistando fácilmente otros territorios andalusíes, ya que el eterno cansancio ante impuestos abusivos y razias sangrientas, debilitan a este Ibn Hud de Murcia, que casi llega a dominar todo el Sur Peninsular.

Este débil Ibn Hud **es vencido sin luchar en Córdoba,** capital califal, que cae **en manos cristianas del Rey Fernando III,** que provoca su fin político y su muerte a manos de sus hermanos de fe musulmanes.

Muhamad ibn Nasr de los Banu Nasr o **Muhamad I,** remata sus **conquistas de Almería, Málaga y por fin Granada** en el año 1238, sin apenas encontrar resistencia, mientras las **huestes cristianas continúan sus conquistas,** perdiendo el Emirato ante ellos, **pero la plata es plata,** y un **enorme soborno** de más de 150.000 maravedíes, y su pleitesía **hacia los nuevos amos cristianos,** le permiten fundar un **pequeño pero importante reino,** el Reino Nazarí de Granada.

4. GRANADA NAZERÍ

4.3.2 Granada Nazarí o la Alhambra

Docenas de miles, o quizás centenares de miles de musulmanes procedentes de las recién conquistadas Córdoba, Murcia, Jaén, Sevilla, emigran pacíficamente hacia ese nuevo reino, y su nueva capital, **Granada,** a la cual infla de vida y riquezas…

Desde el siglo XII y sobre todo en el Siglo XIII, van **creciendo los arrabales o barrios de las afueras de la ciudad** o Alcazaba Vieja, en los alrededores del río Darro, en laderas de la colina, que el argot popular se les denomina, Rabat Al-Bayyatín o Albaicín en palabras cristianizadas.

Este Muhamad I, ya aprendió que la **lealtad que exige** a su pueblo, **no será eterna,** por ello abandona la Alcazaba Vieja o Albaicín, poniendo **las primeras piedras de lo que será su nueva ciudad palaciega,** la Alhambra.

⇨ **El Albaicín,** con sus callejuelas que recuerdan a **una vieja Medina andalusí,** es digna de visita y perderse en nuestro caminar, pudiendo visitar la **Iglesia del Salvador,** antigua Mezquita Mayor de este Barrio, la más antigua de las Puertas de entrada a esta Medina que aún permanece en pie, la **Puerta de las Pesas o Nueva, o la Plaza Larga,** con típicas casas moriscas o andalusíes en sus laterales, o el precioso **Palacio de Dar Al-Horra,** de estilo nazarí, al cual eran desterradas esposas, madres y hermanas problemáticas de la familia real nazarí…

4. GRANADA NAZERÍ

4.3.3 Granada Nazarí o la Alhambra

L enta es la construcción de la Alhambra, casi dos siglos, la Ciudad Roja a los ojos del pueblo que vivía a sus pies, en la cual residieron los múltiples **Reyes Nazaríes**, protegidos por un **Ejército de mercenarios bereberes** de mas allá del Estrecho, algunos tan famosos como los Gomerez.

Oro y más Oro, para saciar las **bocas de estos mercenarios**, luego para los **prohombres cristianos**, a los Reyes Cristianos, **para construir la Alhambra**, oro y plata para todos, pero nada para el pueblo, que es exprimido lentamente, pero ahora ya no tienen donde huir, no existen otros reinos musulmanes en la Península.

De dónde consiguen tanto oro nos preguntaremos?, algo difícil de responder, pues son muchas las fuentes de ingresos, la más importante siempre, **extender la miseria en el pueblo con elevados impuestos**, la **exportación de exquisitas telas y especias** a esos cristianos ávidos de aparentar, un próspero **comercio de esclavos**, y así hasta el infinito…

⇨ **Lugares hermosos** aún encontraremos en otros de los tantos barrios de las afueras o arrabales, quizás no tanto como el Albaicín, pero un pasear por **el Río Darro**, encontraremos algunas **casas de clara influencia andalusí**, viejos puentes construidos sobre los restos de otros nazaríes, los **Baños Árabes del Buñuelo**, los mejores conservados de España, hasta llegar a la soberbia Catedral de Granada, construida sobre la Mezquita Mayor de Granada, y a pocos metros, los restos de la Madraza anexa, en el actual Rectorado.

Así **finaliza la Historia del último Reino musulmán de Europa**, en el año 1492, cuando los Reyes Católicos la conquistan tras un largo asedio, rindiéndose sin apenas lucha, siendo exiliado su último Rey Nazarí, Boabdil, que mientras lloraba en su camino al olvido, la madre le recordaba, "Llora como una mujer lo que no supiste defender como un hombre".

⇨ **La Alhambra**, se merece un capítulo exclusivo, como una **de las grandes obras del Arte Islámico** que podremos leer con detenimiento al final del esta breve Guía.

4. GRANADA NAZERÍ

4.4.1 Granada Cristiana: Mudéjar, Renacentista, Barroca…

Quién osaría marcharse de esta refrescante Granada sin visitar una parte del mejor Renacimiento Barroco de este país llamado España? la verdad que casi todos hacen eso mismo, suben como veloces corceles a la Alhambra, en grandes autobuses turísticos, corren y corren hasta llegar a los Palacios Nazaríes, se deleitan unos minutos en ellos, y vuelven a desaparecer por siglos…

Una Granada Renacentista sin visitar la **Catedral de Granada y la Capilla Real,** donde están enterrados los Reyes Católicos, la **Iglesia del Sagrario o la Curia Obispal,** o las docenas de Casas Palacio, ya sean en las proximidades de la Catedral, en el Albaicín, o en **El Paseo de los Tristes** a orillas del Rio Darro, algunos entre muchos, son el **Palacio de Abrantes,** el **Palacio de los Córdoba,** la Casa de los Tiros, entre otros…

La Plaza Nueva, con la **Real Chancillería de Granada,** que marcó las leyes durante siglos de las Américas, el **Hospital Real,** o la preciosa **Iglesia mudéjar de San o Santa Ana,** son solo algunos de los múltiples edificios administrativos o religiosos de estilo renacentista que son de obligada visita.

⇨ **Una Granada Barroca,** oculta a los ojos de muchos, tras las puertas de muchos edificios de estilo renacentista, o demasiado alejados del este centro más histórico, o quizás más turístico.

El Convento de San Jerónimo, bello edificio gótico renacentista, guarda **uno de los grandes secretos de Granada,** solo es acceder a su Capilla, para observar en su Altar Mayor, el mayor y mejor Retablo Barroco que tendremos el privilegio de admirar, todos se impresionan, algunos hasta lloran, nadie se puede creer los que ven sus ojos…

Otro hermoso lugar, es el **Monasterio de la Cartuja de Granada,** construido en más de dos largos siglos, pasando del renacimiento al Barroco en poco metros, con esa obra artística deslumbrante que es la Sacristía, solo debemos entrar en numeroso edificios de estilo renacentista por su piel, pero de corazón Barroco…

OBRAS CUMBRES DEL ARTE ANDALUSÍ

ALHAMBRA DE GRANADA **Estilo Nazarí.**

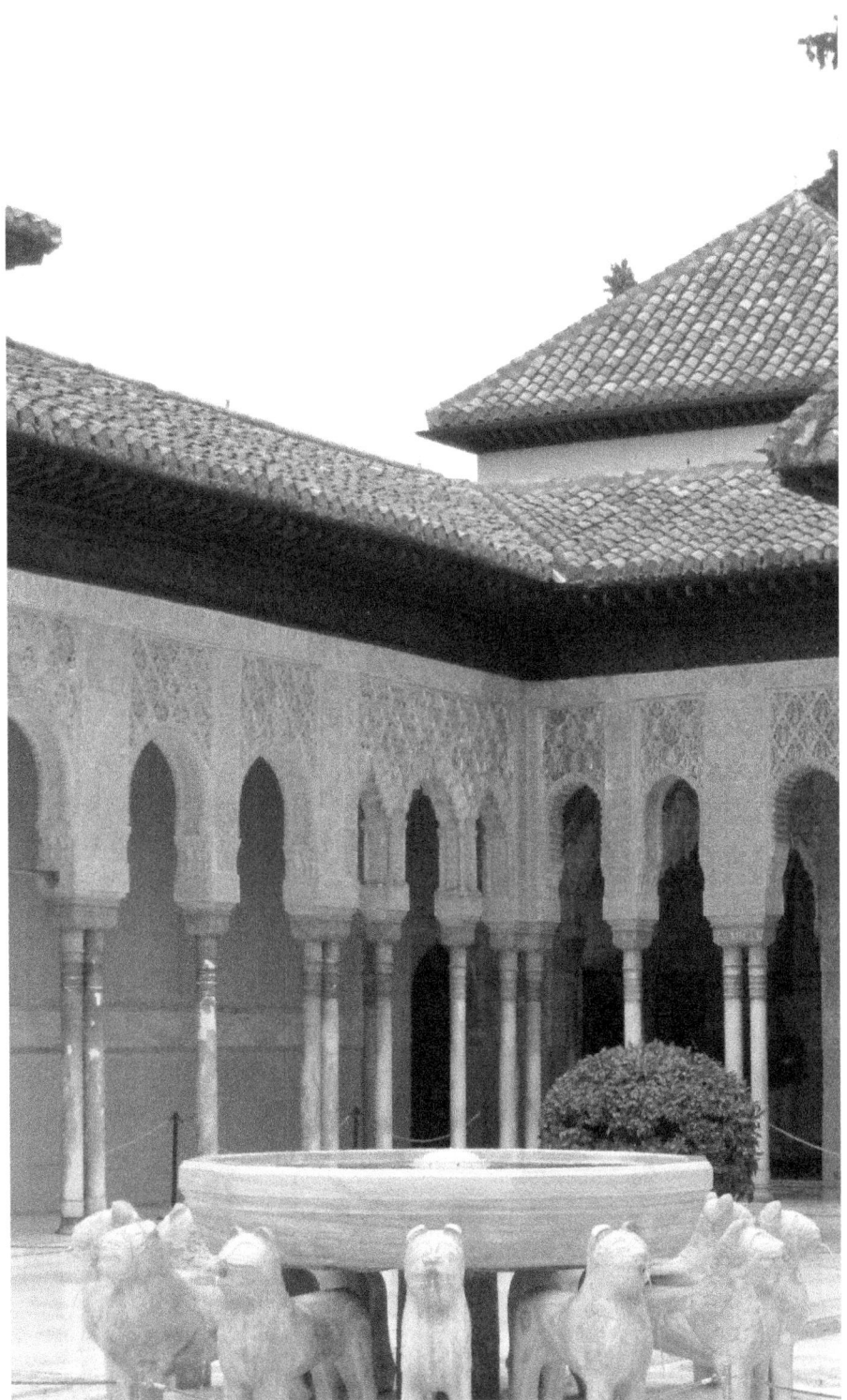

ALHAMBRA DE GRANADA.

"Estilo Nazarí."

6. ALHAMBRA DE GRANADA. Estilo Nazarí.

6.1 El Origen

D e temprana vida, un Alcázar o quizás una Alcazaba, cuyos orígenes se remontan como mínimo al Siglo IX, cuando el Señor de la Guerra Swap ben Hamdun, se refugia tras sus murallas por miedo a los valientes soldados del Reino Cristiano de Bobastro, que en pleno corazón de el Al Ándalus se enfrenta a los inmensos ejércitos califales y de los Señores de la Guerra a sus órdenes...

⇨ **Almorávides,** que quizás establecieron su capital militar de Al Ándalus en esa Alcazaba granadina, y luego **los Almohades,** desde dicho lugar controlaban mediante la Fe y el Terror el Albaicín, con otros de sus habitantes ilustres, pero son los **Ziríes,** reyes taifales, surgidos de la desaparición del Califato de Córdoba, los que se **asientan de manera definitiva en esa Alcazaba militar** que aún perdura, formando parte de la mítica Alhambra.

La Alhambra, fiel reflejo de las grandes construcciones, **típicas de los imperios o países en decadencia,** que su debilitado poder militar o moral les impiden seguir expandiéndose, utilizan las obras megalómanas como símbolo de su poder, innumerables son los ejemplos, algunos tan lejanos como las **Pirámides de Egipto,** otros más cercanos como el **Taj Mahal de la India** y otros aún más vergonzosos, como esos **Aeropuertos Faraónicos,** desiertos de vida que pueblan las tierras españolas, construidos en pleno Siglo XXI...

⇨ **Son los Nazaríes,** poderosos reyes de taifas insignificantes comprados con el poder de los reinos cristianos, los que trasforman esa Alcazaba militar en una Ciudad Palaciega.

6. ALHAMBRA DE GRANADA. *Estilo Nazarí.*

6.2 Los Nazaríes

Muhammad ibn Nasr, descendiente de Mahoma y rico terrateniente andalusí, aprovecha la debilidad de la Taifa dominante, la de Murcia, para crear su propio Reino, auto denominándose Sultán de Arjona.

Guerras y contra guerras, alianzas diversas, le permiten entrar en Granada en el año 1238, proclamándose Rey, fundando una dinastía, que será conocida como la Nazarí o Banū Nasr.

⇨ **Sufí declarado,** reputado **teólogo,** abandona esta corriente minoritaria del Islam, más cercana a las prédicas de Mahoma, por otras más populares, más acorde a sus necesidades políticas y al poder, **la sunní,** utilizando como residencia palaciega el que es ahora conocido como el **Palacio Dar al-Horra,** reconstruido en estilo nazarí en el Siglo XV, en el Albaicín.

Desconfiado de **perder el poder** ante la traición de otros rivales, quizás por su traición al Rey Taifal de Murcia, **ordena la construcción** de una gran Alcazaba militar, que resiste el asedio de otros señores de la guerra o de las típicas revueltas del pueblo en contra de impuestos injustos o el abuso del poder, utilizando como cimientos esa varias veces centenaria **Alcazaba de la Alhambra.**

6. ALHAMBRA DE GRANADA. *Estilo Nazarí.*

6.3.1 La Alcazaba de la Alhambra

Muhammad ibn Nasr, y sus herederos, Muhammad II y III, que gobernaron ese revuelto Siglo XIII hasta el año 1309, se marcan como objetivos reconstruir la Alcazaba, con la Torre del Homenaje y la Torre de la Vela.

El agua, **el Don de la Vida,** vital para este gran proyecto, se consigue desviando el Río Darro que permite crear grandes aljibes o estanques y almacenes de suministros.

La **imprescindible mezquita,** con su **hamman o baños árabes,** situados donde la actual iglesia de Santa María, es también obra de estos tres primeros reyes nazaríes.

⇨ **La Alcazaba** con su gruesas murallas, construida **en argamasa,** protegida por **nueve torreones,** primitiva **residencia de los reyes nazaríes,** tiene forma triangular con su propio barrio militar de pequeñas casas andalusíes con su patio central donde vivían sus tropas mercenarias, encargados de la protección de todo el recinto.

Más bien son nueve torreones defensivos, a los cuales se les dieron tres lienzos de murallas superpuestas de diferentes épocas, el primero de los cuales, **el más alto,** es de **época taifal,** el **segundo o intermedio,** de **época nazarí,** está inclinado para su mejor defensa, con su adarve o pasillo estrecho con almenas o salientes que protegen a los soldados de las flechas o fuego enemigo, y el **tercero o exterior,** un muro que protegía el camino que unía la ciudad de Granada con la Alhambra, o más bien, **protegían la Alhambra de posibles revueltas del populacho** a ojos de los gobernantes de la ciudad de Granada o Albaicín.

6. ALHAMBRA DE GRANADA. *Estilo Nazarí.*

6.3.2 La Alcazaba de la Alhambra

L a Puerta de Armas o Puerta de la Ciudad.

Aunque la **primera puerta de entrada a la Alcazaba,** permanece oculta en esta fortaleza ampliada, destaca por **los tres tipos de arcos** que utiliza, el de **herradura o visigodo,** y **los andalusíes,** de medio punto y apuntado, y que tras atravesar un amplio patio, llegaríamos a la llamada Puertas de Armas.

La **Puerta de Armas o Puerta de la Ciudad,** con su correspondiente **Torre de Armas,** la más **antigua de todas** las que perduran, decorada con **azulejos de diversos colores,** destacando el blanco, el verde y el azul, y esta puerta era de doble recodo para hacer aún más difícil su acceso y más fácil su protección, podemos ver aún s**us arcos de herradura,** de ladrillos ocres y piedras calizas.

⇨ No debemos dejar de **mirar hacia el cielo,** cuando estamos atravesando la Puerta unas bóvedas ya casi milenarias pintadas, imitando los ladrillos color ocre, con unos pequeños mocárabes en su centro.

El **Patio de Armas,** en las cercanías, donde estaba **situado el barrio militar con pequeñas casas andalusíes,** residencia de las tropas más fieles a los nazaríes, debió contar con sus propios **aljibes, baños árabes hamman,** y la mazmorra o a **cárcel.**

6.3.3 La Alcazaba de la Alhambra

L a Torre del Homenaje, con sus veintiséis metros de altura y sus seis plantas, se supone residencia del primer rey nazarí, con un sótano o almacén para alimentos o especies de gran valor.

⇨ La Torre de la Vela, la mayor de todas, con sus veintiocho metros de altura y planta cuadrada de dieciséis metros, además de ser **utilizada de vivienda y almacén** en su parte superior, desde el cual se admira toda la vega granadina, dispone de una Campana, que resuena cada año para recordar la conquista de Granada por los Reyes Católicos.

⇨ La Torre del Cubo, ya de época cristiana, como baluarte apto para el **uso de la artillería,** oculta entre sus entrañas la Puerta de Tahona, y muchas más son las puertas de estilo andalusí nazarí que encontraremos… solo es atreverse a buscar.

⇨ **Las Torres Bermejas,** situadas ya fuera de la Alhambra, era un **nexo de unión o torres vigías,** que protegían la ciudad de posibles incursiones o razias, estaba situada en la **antigua colina del mauror o barrio judío** de la Granada andalusí, lugar abandonado por el turismo tradicional, pero esta Granada nazarí, le debe tanto… y los **Jardines del Adarve ya del Siglo XVII,** que embellecen el camino que unían la Alcazaba con las Torres Bermejas…

Alcazaba digna de un rey, pero nunca fue su destino ser inexpugnable como la Alcazaba de Málaga, más bien, **símbolo del poder de los nazaríes ante su pueblo,** con el objetivo de evitar revueltas populares o sublevaciones militares, para lo cual, la guardia real que protegía esta fortaleza y la alcazaba, eran tropas mercenarias reclutadas en ese Atlas indómito, junto con cristianos renegados…

6.4 La Murallas y las Puertas de la Alhambra

Viejas murallas las que bordean esa Alhambra, cuyo origen es previo a los nazaríes que las amplían y endurecen para evitar miradas indiscretas, y al atravesarlas por cuatro grandes puertas, solo era posible...

⇨ La **Puerta de las Armas o Puerta de la Ciudad,** quizás la más antigua de un temprano Siglo XIV, unía esa incipiente Granada con la Alhambra a través de la Alcazaba, atravesando el barrio militar, y fue mandada construir por el rey Ismail I, aunque algunos dicen que es anterior del Siglo XIII, algo discutible.

Decorada **con azulejos blancos, verdes y azulados,** resplandecía a la vista de ese sol granadino, y las paredes de argamasa pintadas, simulando sillares o piedras para dar mayor grandeza a los ojos de los humildes.

Función militar es otra de sus características, **desde su torreón se podía vigilar ese manso río** Darro, el barrio del Albaicín y ese Sacromonte flamenco.

⇨ La **Puerta de la Justicia o Puerta de la Explanada,** construida en el Siglo XIV, es la mayor y **más soberbia de las cuatro puertas** de la Alhambra, con un viejo misterio a ojos de los cristianos andalusíes que ya olvidaron parte de su pasado musulmán.

La mano de Fátima, en el arco de herradura de la fachada y la llave en el arco de herradura de la entrada, **viejas tradiciones andalusíes,** elementos típicos de las casas humildes y pudientes, para protegerse de cualquier mal, que aún perdura en ese Marruecos, donde tantos andalusíes se exiliaron y en algunos pueblos andaluces, como pulsador en forma de mano, en la puerta principal de la casa.

La vieja **puerta de madera y sus refuerzos de hierro,** son los originales que datan de lejanos siglos, que al atravesarla, encontramos el típico recodo para dificultar el acceso de tropas enemigas, y el techo, una bóveda pintada aparentando ladrillos de color ocre de esa Granada nazarí.

⇨ **La Puerta de los Siete Suelos o Bab al-Gudur** del Siglo XIV, construida de manos de Yusuf I, estaba situada en las cercanías de la Medina o ciudad antigua, dando a una gran explanada, donde las grandes ceremonias de poder

6. *ALHAMBRA DE GRANADA. Estilo Nazarí.*

6.4 La Murallas y las Puertas de la Alhambra

se podían representar, mientras cientos de jinetes hacían sus calibras en esos fuertes y gráciles caballos andaluces, además, se supone que también estuvo un pequeño fortín de artillería, para su mejor defensa.

Bárbaros de allende de los Pirineos, la destruyeron en el año 1812, aunque reconstruida en el Siglo XX, en su huída ante los soldados y milicianos españoles, esos bárbaros eran las famosas **tropas de Napoleón...**

⇨ **La Puerta del Vino,** la más antigua de todas, del **Siglo XIII,** mandada construir a decir de muchos por Mohamed II, aunque el nombre actual procede del Siglo XVI, en que la venta de vino en dicho lugar, estaba libre de impuestos...

Si miramos la fachada exterior, podemos admirar el **arco de herradura original y dovelas en relieve,** y unas yeserías en homenaje a un extinto rey nazarí, que dice: *Gloria a nuestro Señor el Sultán Abu 'Abd Allah al-Gani Billah.*

A escasos metros, encontraremos la **Plaza de los Aljibes,** de fines del Siglo XV, obra de los cristianos, donde unos grandes aljibes o depósitos de agua, unían ya la Alcazaba con los Palacios Nazaríes de una manera simple y rápida.

Muchas **más son las puertas que encontraremos,** pero son en el interior de la Alhambra, no en su exterior, ya que la función de Ciudad Palaciega exigía ocultar a las vistas de todos, los sucesos del interior...

6. *ALHAMBRA DE GRANADA. Estilo Nazarí.*

6.5.1 El Generalife

Bello lugar son los Jardines del Generalife, situado antiguamente en las afueras de la Alhambra, como palacete veraniego y de descanso, rodeado de pequeños jardines y amplias huertas que suministran frutas y verduras cada día a la corte de los reyes nazaríes.

Construido por Muhammad II en el Siglo XIII, y ampliado por el rey nazarí Ismael a principios del Siglo XIV, que reconstruye los **Pabellones o Palacetes y los Jardines.**

Durante **siglos caídos en el olvido,** repartido en pequeñas huertas semi abandonadas, no es hasta el siglo XX, cuando se adquieran esos trozos de tierra a multitud de dueños cristianos, que son restaurados según criterios discutibles, recuperándose uno de los tres antiguos accesos, el que unía la Alhambra con los Palacio del Generalife, el utilizado por los reyes musulmanes de esa Granada extinta.

Varios son los **Jardines que rodean al Palacio del Generalife,** y en cuyo interior, hermosos Patios encontramos como los Cármenes granadinos.

⇨ **Los Jardines Nuevos** también llamados Jardines Bajos del Siglo XX, en forma de laberinto, con **cientos de cipreses y ro**sales, con una alberca en forma de crucero, todo ello representando el jardín andalusí.

Un **moderno anfiteatro,** de los años cincuenta, para que se pudiera representar el ya famoso Festival Internacional de Música y Danza de Granada, de precios prohibitivos.

Un **agradable paseo por este amplio Jardín,** que nos protege del calor veraniego, hacía el auténtico jardín andalusí nazarí, siempre es de agradecer.

6.5.2 El Generalife

El **Palacio de Generalife,** con apariencia más rural que palaciega, que nada más acceder a él, entramos en **Patio del Descabalgamiento,** muy reformado, pero podemos ver aún unos viejos bancos de piedra, para facilitar el descenso de los nobles de sus monturas.

La **Puerta principal de mármol y alicatados,** se puede ver la típica llave en la dovela central de su arco de herradura, y subiendo unas escaleras de piedra, llegamos al **Patio de la Acequia y al Pabellón Norte,** con su cinco arcos de herradura, sus finas columnas de mármol y piedra, sus delicados alfices, pequeñas habitaciones o alcobas en su interior.

La **Sala Regia,** donde los reyes nazaríes realizan sus múltiples actividades, está **decorada con yeserías o estuco,** y esos **mocárabes o estalactitas,** y el techo de maderas entrelazadas, con azulejos andalusíes en sus suelos, sus amplios **ventanales de arco de herradura con función de mirador,** llamado de Ismael I, el que nos permite ver el Norte.

6.5.3 El Generalife

El Patio de la Acequia, corazón de frescor en el Palacio del Generalife, construido en forma de crucero o cruz, con doce caños de agua originalmente, aunque los actuales son del Siglo XIX, unos surtidores cruzados.

Amplios muros lo protegían de miradas indiscretas, siendo reducidos en tamaño en época cristiana, y abiertos mediante una serie de arcos, que aún conservan los escudos de los Reyes Católicos.

Un mirador, en la parte central, es el único original de la época nazarí, y sus yeserías de estuco proceden de dicha época.

⇨ Ya en el exterior podemos ver **La Escalera del Agua**, con una acequia que llegaba hasta los Jardines del Palacio, que deben pertenecer a los Siglos XIII o XIV, mientras las construcciones próximas deben ser ya de época cristiana.

Antes de llegar a esta acequia, debemos atravesar el **Patio del Ciprés de la Sultana** del Siglo XVI, de **sabor Barroco**, asentándose donde estuvieron antaño los baños árabes o hamamn.

Los Jardines Altos, con su **escalera de Los Leones,** y a posterior pequeños detalles de **estilo renacentista**, fuentes desbordantes de agua podemos ir descubriendo en ese mar de flores y arboles, de fuertes y agradables olores...

Casi diez siglos de construcciones podemos encontrar en el Generalife, desde yeserías con casi 800 años, a obras de estilo renacentista o barroco, a edificaciones del Siglo XX, imitando estilos nazaríes...

6. ALHAMBRA DE GRANADA. *Estilo Nazarí.*

6.6 Los Palacios Nazeríes: El Mexuar

Todo reino o gobierno absolutista, necesita una corte de **lacayos burocráticos o administrativos,** y su máxima representación son el **Consejo de Ministros o Mexuar de los Visires,** que se supone del Siglo XIV, mandado construir por el Rey Ismael I, aunque su decoración, es de la época de Yusuf I.

El **Mexuar de la Alhambra,** situado junto a los Palacios Nazaríes, era lugar de **reunión de los visires o ministros** con el gobernante absoluto o rey nazarí, y cuando éste no asistía, le representaba el **Gran Visir o Primer Ministro,** y en paralelo, la **aplicación de las leyes a través de los jueces o caíd** provinciales, en ocasiones eran desafiadas por otros nobles, y que mejor lugar para ser juzgados que en el Mexuar, símbolo del poder divino de los nazaríes, actualmente dicha función se llamaría **Tribunal Supremo.**

Asistir a **cualquier juicio en la actualidad,** aunque seamos los dañados por terceros, incluye **esa vieja parafernalia de intimidación y poder,** que nos obliga a caminar por sombríos lugares...

⇨ El **Patio de la Mezquita,** el primero, estaba rodeado de pequeñas habitaciones u oficinas, unas destinadas a la **correspondencia real o registro oficial,** otras al trámite de los expedientes, y quizás una de ellas, sala de audiencias real, para impartir la "justicia directamente el soberano".

Su poder como Rey, o más bien Califa, como descendiente de Mahoma, era reforzado por una **pequeña mezquita u Oratorio,** que aún se conserva la **pila de Abluciones,** pues fue destruida de manera accidental en el Siglo XVI, aunque parcialmente restaurada a principios del XX.

⇨ El segundo, **el Patio de Machuca,** con una alberca con sus bordes lobulados o en forma de circunferencia, unas **fuentes circulares** con unos surtidores en forma de leones que ya no existen, **y un mirador,** al cual accederemos a través de una galería de nueve bellos arcos.

Dicho mirador, conocido como **Torre de la Victoria o de las Dagas,** siendo asesinado en dicho lugar el Rey Nazarí Ismael II por su hermanastro Mohamed VI.

6.6 Los Palacios Nazeríes: El Mexuar

⇨ La **Sala Mexuar,** en otrora tiempos también **Sala del Trono primigenia,** solo conserva **cuatro de las columnas originales** con parte de su decoración, aunque tantas fueron las modificaciones, que en el Siglo XVI se transformó en capilla cristiana, añadiéndole una segunda planta.

Esta labor debió ser realizada por artesanos mudéjares o moriscos, ya que aún se conserva una inscripción de trazas islámicas que dice: El Reino es de Dios. La fuerza es de Dios. La Gloria es de Dios.

⇨ **La Sala o Cuarto Dorado,** accesible desde una estrecha puerta situada en la Sala Mexuar, **lugar de audiencias reales** en el Siglo XIV y XV, ha visto sustituída sus ventanas por un gran ventanal o mirador, con detalles mudéjares como su capitel, y con una **techumbre de madera de cedro,** pintada en policromías en época de los Reyes Católicos, con el **Yugo y las Flechas,** símbolos reales cristianos, aunque en este siglo XXI, se asocien a uno de los bandos de esa sangrienta guerra civil de 1936.

El Patio Dorado, al cual se accede mediante **un pórtico de tres arcos con columnas** de capiteles de estilo almorávide, siendo la fuente una réplica de la fuente de la Lindaraja.

Las **paredes de cal blanca,** amplían la luminosidad de esta enrancia, donde los plebeyos podían solicitar justicia al rey nazarí, que una larga fila de mercenarios bereberes, hacían de defensa entre el Patio Dorado y la Sala Dorada, lugar donde estaba situado el monarca.

En este mismo Patio, podemos observar **una de las más hermosas fachadas** de la Alhambra, la de **Comares...**

⇨

6. *ALHAMBRA DE GRANADA. Estilo Nazarí.*

6.7.1 Los Palacios Nazaríes: El de Comares.

Yusuf I, séptimo rey nazarí, que vivió en el Siglo XIV, que ante su debilidad militar y sus aspiraciones ilimitadas, pacta con los benimerines del Magreb, su ayuda militar, dejando la defensa de su reino en manos de su visires o generales, leales a él y al pueblo del reino de Granada.

Considerados estos **Benimerines, herederos de los Almohades,** conquistan lo que sería la actual Marruecos, e **inician la reconquista de Al Ándalus,** pero los tiempos ya habían cambiado, las huestes cristianas eran fuerzas experimentadas, y las tropas benimerines aún no habían aprendido que su **fanatismo religioso musulmán se enfrentaba al fanatismo religioso cristiano,** y solo sería la superioridad en armamento o tropas lo que daría la victoria.

Pocas décadas pasaron por el Al-Ándalus los benimerines, y su rastro es escaso, algunos **alminares o minaretes** que podemos ver en la **Comarca de la Axarquía** malagueña, nos recuerda el estilo arquitectónico de esos nuevos invasores.

Esta relativa tranquilidad en el reino de Granada, mientras las tropas benimerines luchaban contra las cristianas, le permiten engrandecer y embellecer la Alhambra, con la construcción de uno de sus grandes palacios nazaríes...

6. *ALHAMBRA DE GRANADA. Estilo Nazarí.*

6.7.2 Los Palacios Nazaríes: El de Comares.

La Fachada de Comares, nexo de unión entre el **Mexuar** y este **Palacio de Comares**, nos llevará al **Patio de Comares o de Los Arrayanes**, fue construida en el año 1370 por Mohamed V.

Dos grandes puertas gemelas, una de las cuales sin salida, destacan en ella, con **tres escalones de mármol,** que nos llevan hacia esas puertas, **bordeadas de azulejos vidriados,** y unos zócalos de azulejos que las unen.

Una **ventana de doble arco peraltado,** situadas encima de cada puerta, y una ventana de menor tamaño y de un solo arco en el centro de la fachada, y todo ello **separados por yeserías,** decoradas con medallones, caligrafía en árabe con el lema de los nazaríes, "*Solo Dios es Vencedor*", destaca entre tanta belleza.

En la **parte superior o friso de madera,** los omnipresentes **mocárabes o estalactitas decorativas,** asemejan una cornisa, algo único en la Alhambra...

112

6.7.3 Los Palacios Nazaríes: El de Comares.

E l Patio de Comares o de Los Arrayanes.

Los Mirtos o Arrayanes, con su delicada fragancia, ya eran utilizadas por **griegos y romanos,** pero se convirtió en requisito imprescindible en cualquier jardín andalusí.

Este **Patio rectangular,** con una gran **Alberca de más de treinta metros** de largo por siete de ancho, rodeada por una canaleta o camino de lozas de mármol para el disfrute de la nobleza nazarí, con **arrayanes y naranjos** plantados a su alrededor, mezclaban esas fragancias naturales con el frescor del agua.

Si nos detenemos, podemos observar el **reflejo de la Torre de Comares** sobre sus calmadas aguas, un pasaje idílico, que quizás hiciera **recordar al Paraíso a los atarifes o arquitectos** musulmanes que lo diseñaron.

En sus laterales, **pequeñas habitaciones o pabellones** donde residían las cuatro esposas del Rey Nazarí, dos a cada lado de dos plantas, una baja y otra superior, y dos grandes puertas, que atravesándolas, podemos ver las dos alcobas o dormitorios **con puertas en arco de herradura,** decoradas con **mocárabes de estuco,** son solo parte de la múltiples habitaciones, muchas de las cuales, no es posible visitar.

6.7.3 Los Palacios Nazaríes: El de Comares.

L a Sala de la Barca o Habitaciones privadas del Rey Nazarí.

La Sala de la Barca o Habitaciones privadas del Rey Nazarí, a decir de algunos, a la cual accederemos atravesando un arco de herradura apuntalado, con forma rectangular de unos veinticinco metros de largo por cinco de ancho con pequeñas alcobas o dormitorios.

El techo o **techumbre de madera de pino, labrada y decorada con estrellas y ruedas en su parte central,** unos zócalos de azulejos recorren los primeros metros de pared, y en la parte superior, algunas yeserías originales, con mocárabes policromados.

Extraño nombre el de esta Sala, que originalmente **debió ser "baraka" o suerte en árabe,** palabra mágica necesaria en todos los líderes musulmanes si desean sobrevivir a la eternas revueltas o guerras intestinas por el poder, **que con el paso del tiempo se simplificó a Barca.**

6. ALHAMBRA DE GRANADA. *Estilo Nazarí.*

6.7.4 Los Palacios Nazaríes: El de Comares.

La Sala de los Embajadores, situado en la planta baja de la Torre de Comares, **es la máxima expresión del poder nazarí,** con el trono califal situado en ella, y lugar de recepción de embajadores y prohombres de los diferentes reinos que comerciaban o guerreaban por este **Al Ándalus.**

Con un tamaño de veinte metros por once, de planta cuadrada, **con nueve alcobas o pequeñas habitaciones,** con sus correspondientes arcos de herradura, en los tres lados del salón.

El suelo original, era del mejor mármol, hoy cubierto de losetas de barro, y sus paredes, decoradas en su totalidad en la parte inferior **un zócalo de azulejos,** el resto con yeserías, **con caligrafía árabe de versos del Corán,** poemas andalusíes o alabanzas a los reyes nazaríes.

El Techo, en forma de **Cúpula,** labrada en **madera de cedro,** con inscripciones de **maderas policromadas,** que representan **los Siete Cielos de la tradición islámica,** y encima de ellos el **Trono de Ala,** con multitud de estrellas talladas, que pasan del centenar.

También encontramos en la misma bóveda, **los cuatro Ríos de la Vida, que nos lleva al Paraíso** proclamado por el Islam, y **el Árbol del Mundo, nexo de unión de la Tierra con el Cielo,** también lo encontramos reflejado sin olvidar en la parte central los mocárabes labrados sobre la madera.

Estos son solo **algunos de los cientos de detalles** que podemos observar en el **Salón de Los Embajadores,** algo inigualable por su detallado trabajo que ningún otro Palacio árabe lo tiene.

6.7.5 Los Palacios Nazaríes: El de Comares.

L a Torre de Comares, la más grande de toda la Alhambra, de planta cuadrada y dieciocho metro por cada lado, y una altura cercana a los cincuenta metros.

En la planta inferior está situado el **Salón de los Embajadores,** y cercano a la **Sala de la Barca,** un estrecho pasillo para su mejor defensa que permitía acceder a la primera planta donde el Rey residía en invierno con ventanas en sus cuatro paredes, y un acceso a la terraza de la Torre que estaba almenada.

Viejas historias cuentan que ahí fue donde la **Reina Isabel la Católica,** entregó **sus joyas a un intrépido Cristóbal Colón** para financiar una arriesgada navegación en busca de las míticas Indias, descubriendo en su camino, un nuevo mundo llamado **América.**

6. ALHAMBRA DE GRANADA. *Estilo Nazarí.*

6.8.1 Los Palacios Nazaríes: El de los Leones

Muhammad V, el último de los grandes reyes nazaríes, fiel vasallo de Pedro I el Cruel o el Justo, al cual envió cientos de artesanos para construir la obra cumbre del arte mudéjar, **Los Reales Alcázares de Sevilla.**

Reinado de conspiraciones y traiciones, fue expulsado del trono cuando su amigo y señor Pedro I, estaba envuelto en Guerras intestinas, huyendo al Magreb, al ya **más debilitado reino Meribení,** con el cual cierra acuerdos de comercio y paz.

Regresando a su Al Ándalus natal en el año 1361, a la **casi inexpugnable Ronda,** desde la cual y con **ayuda de tropas castellanas,** reconquista su reino.

La muerte a traición de Pedro I por la nobleza castellana, le permiten conquistar nuevas ciudades a su reino nazarí de Granada, pero por pocos años.

En esta etapa, **se amplía La Alhambra,** construyendo un nuevo Palacio como residencia privada de los reyes nazaríes, el que sería conocido a posteriori como el de Los Leones, por su gran Patio.

6.8.2 Los Palacios Nazaríes: El de los Leones

E l Patio de Los Leones, al cual se accede por un pasillo, atravesando un arco desde el Patio de Los Arrayanes.

Al-Haram o Patio privado, es su primer nombre, a posteriori **le pusieron de "los doce leones",** que como surtidores, suministraban agua a la fuente central, que fueron **regalo de un notable judío, o eso dice la leyenda.**

La Fuente, de **mármol blanco de macael,** tiene labrado en **caligrafía árabe un poema de Ibn Zamrak,** erudito y amigo de Mohamed V, cuya lealtad le costó la muerte a manos de otro rey nazarí.

Los doce leones, o más bien, **seis leones y seis leonas,** de mármol de macael, construidos también en el Siglo XIV, a la vez que la Fuente, parecen realizados por **tres grupos de artesanos diferentes,** ya que cada grupo de cuatro leones presentan características similares y exclusivas.

Mitos hablan sobre su simbología, desde que representaban al **Templo de Salomón,** o más bien, a **los Cuatro Ríos del Paraíso,** o simplemente sea un símbolo más del poder absoluto de los reyes nazaríes, **pero lo más importante, es que el Corán prohíbe la representación de personas o animales,** y este hecho, lo convierte en un acto **casi único en el mundo musulmán,** la representación de unos animales o leones.

El Patio en sí, tiene unas medidas aproximadas de treinta metros por quince, de planta rectangular, y donde hoy podemos observar un suelo de piedra imitando el mármol, **originalmente debió haber un Jardín con naranjos o plantas aromáticas,** principio básico en cualquier patio andalusí.

Una amplia galería, imitando al claustro de tantos monasterios cristianos, con **un mar de columnas de mármol blanco,** en total 124, bordean el patio, todas de fuste fino o delgado, con varios anillos en su parte superior, **capiteles cúbicos de origen bizantino** y un ábaco o tablilla cuadrada, decorados con **inscripciones en árabe de poemas diversos y alabanzas a Ala y a los Reyes Nazaríes.**

Atauriques o dibujos imitando el mundo vegetal, también se puede ob

6.8.2 Los Palacios Nazaríes: El de los Leones

servar, y encima los arcos nazaríes, es decir, arcos de herradura que en su parte superior es semicircular, **ricamente labrados con mocárabes o estalactitas que surgen como si cayeran del Cielo o Paraíso.**

Dos pabellones entre los arcos, imitan las típicas tiendas de babuinos de la Arabia natal del Profeta Mahoma.

Dos grandes Pabellones o viviendas privadas y dos grandes Salas o zonas públicas alrededor del Patio, es su estructura residencial.

6.8.3 Los Palacios Nazaríes: El de los Leones

La Sala de los Mocárabes, situada próxima a la entrada del Patio, debió ser utilizada para la recepción de nobles, y para acceder a ella, **debemos atravesar tres arcos de gran tamaño, con cientos de mocárabes,** aunque por desgracia, su destrucción accidental en el Siglo XVI y su posterior restauración, solo nos da en parte, idea de su original grandeza.

⇨ **La Sala de los Abencerrajes, considerado la alcoba o dormitorio del Rey Nazarí,** carece de ventanas, por ello, el **zócalo de azulejos es de época cristiana de** estilo renacentista, pero sus **paredes aún conservan las yeserías originales,** decoradas con atauriques y caligrafía árabe.

El Techo o **Cúpula, es un infinito de mocárabes,** ordenados por ocho trombas o grupos de mocárabes, con inscripciones en alabanza de Ala.

El nombre de la **Sala de los Abencerrajes,** recuerda las viejas **historias fratricidas habituales en esta España salvaje,** ya sea cristiana o musulmana, cuando el rey nazarí mandó llamar a todos los hombres varones de la otra poderosa familia granadina, que quizás pudieran hacerle sombra en su poder, y entrando uno por uno a dicha sala, fueron decapitados a cuchillo, como esas salvajes imágenes que a veces llegan de Siria, se dice que fueron asesinados así cientos de varones… tantos, **que el Patio de Los Leones cambió su color blanco por el rojo.**

⇨ **La Sala de las Dos Hermanas,** situada enfrente de la anterior, cuenta con dos **grandes lozas de mármol blanco** de gran tamaño, que parecen idénticas o hermanas, y el suelo es de mármol en toda la sala, contando con una pequeña fuente que suministraba agua fresca al Rey nazarí y a sus Esposas.

La **Cúpula circular de mocárabes** que encontramos en el techo, impresiona la mirada, y pequeñas ventanas iluminan la sala, y también encontramos **poemas de Ibn Zamrak,** llamado el Poeta de la Alhambra, ya que sus versos lo encontramos en docenas, quizás cientos de lugares…

Su función varía según los autores, ya fuera como zona administrativa o Mexuar, o como Sala semiprivada.

6.8.3 Los Palacios Nazaríes: El de los Leones

⇨ **La Sala de Los Reyes,** situada en la parte oriental del Patio de Los Leones, está estructurada en tres habitaciones o salas principales **con cúpulas de mocárabes** y dos anexos o menores.

En su **bóveda o cúpula central,** encontraremos otro de los detalles únicos de la Alhambra, que diferencia el arte andalusí del resto del arte islámico, **la representación de los diez reyes de la dinastía nazarí, pintados...** algo que va en contra de la interpretación más estricta del Corán, que considera blasfemo la iconoclastia o representación de seres humanos.

Más figuras humanas encontraremos en estas Sala de Los Reyes, que se suponen fueron pintadas por artistas cristianos enviados por el Rey Castellano Pedro I, además un zócalo de azulejos e inscripciones o caligrafía en árabe, embellecen este lugar.

⇨ **La Sala de los Ajimeces,** de planta cuadrada, con sus dos **balcones o miradores gemelos,** con maderas y celosías, que ya no existen, pero perduran yeserías policromadas, el techo de mocárabes y otro sinfín de detalles.

El Balcón de Lin-dar-Aixa o Mirador de Daraxa, con un cuidado alicatado de azulejos, que aún perdura, yeserías en colores o policromadas, mocárabes, entre otros elementos decorativos en tan poco espacio...

Otras Habitaciones fueron construidas en época del Emperador Carlos V, pero es otro periodo del arte, el Renacimiento.

6. ALHAMBRA DE GRANADA. *Estilo Nazarí.*

6.9.1 Los Palacios Nazaríes: El Portal

El Palacio del Portal y sus Jardines, mandados construir en el Siglo XIV por Mohamed III, que tras los primeros años de gobierno, asumió que no era posible vencer militarmente a las tropas cristianas, ya fueran aragonesas o castellanas, por lo cual, debió firmar diversos tratados de vasallaje y paz con los reinos cristianos.

La avaricia de la nobleza nazarí, ciega ante la realidad y en desacuerdo con la paz, organizó diversas sublevaciones, hasta que una de ellas la derribó del poder, o quizás, según otros narradores, persona erudita y amante de la paz, permitió que la Granada nazarí fuera una ciudad más abierta y tolerante, llegando inclusive a permitir el matrimonio entre musulmanes y cristianos, algo intolerable para los ulemas más radicales y excusa perfecta para que la nobleza le expulsara del poder y de paso, aumentaran sus privilegios.

Algunas de sus obras, fueron la Mezquita Mayor de la Alhambra, hoy reconvertida en Iglesia de la Santa María, o la Puerta de Vino, y sobre todo el Palacio del Partal, del cual, poco perdura…

6. ALHAMBRA DE GRANADA. *Estilo Nazarí.*

6.9.2 Los Palacios Nazaríes: El Portal

El Partal o Bartal, pórtico en castellano, lo identifica, pues ese **gran pórtico con cinco arcos angrelados u ondulados**, es lo más **destacable de la época nazarí,** y si observamos con tiempo, vemos su reflejo como un espejismo sahariano en las dulces aguas de la gran alberca situada en frente, en ese conjunto llamado **Jardines del Partal.**

Como **elementos decorativos,** su zócalo de azulejos o alicatado, **las yeserías en paño o sebka, policromadas** o pintadas en colores con atauriques o figuras geométricas de plantas y caligrafía en árabe, y para rematar, una **techumbre de madera.**

Dicho edificio o **Palacio del Partal,** está situada en los muros de la Alhambra, en la **Torre de las Damas, y su segunda planta,** desde la cual, los reyes nazaríes, grandes **aficionados a la astronomía,** practicaban su afición, y **en el techo de esta planta,** encontramos una **cúpula de mocárabes,** la **más antigua de toda la Alhambra.**

Este pequeño **Palacio,** considerado por algunos el **más antiguo de los tres,** estuvo en el olvido hasta el Siglo XX, que fue restaurado por ese genio malagueño de la **arquitectura andalusí, Torres Balbá,** que trató de respetar el diseño original con su limitado presupuesto, pero por desgracia, partes vitales fueron saqueadas, encontrándose después en **algún museo de Berlín.**

También encontraremos tres **casitas de estilo andalusí construidas años después del Palacio,** que conservan las más **antiguas pinturas que representan a figuras de seres vivos,** que es una clara diferencia del arte andalusí con respecto al arte musulmán en general, **que demuestra la amplia tolerancia de estas tierras,** ya sean musulmanas o cristianas con respecto a las intolerancias tan habituales del norte cristiano o del sur más allá del estrecho musulmán.

Con respecto a los **hermosos Jardines, situados enfrente del Gran Pórtico del Partal,** además de esa **Alberca,** que refleja la grandeza de este **pequeño palacio, los jardines en sí,** han sido construidos en el Siglo XX, buscando un ideal andalusí, aunque muchos expertos consideran que era una gran huerta, con árboles frutales, los omnipresentes naranjos o palmeras, lo que debían haber originalmente, pero siempre es agradable pasear por un lugar de construcción

6.9.2 Los Palacios Nazaríes: El Portal

moderna que imita un pasado extinto.

Una guerra poco cruenta con respecto a Granada, la **huida sin luchar de un débil rey nazarí,** aunque fue la decisión más razonable de su vida, que ahorró miles de muertes y que millones de personas en siglos posteriores pudieran admirar esta Alhambra, nos lleva a fines del Siglo XV, **de manos de Boaddil, los Reyes Católicos y Carlos V...**

⇨

6. ALHAMBRA DE GRANADA. *Estilo Nazarí.*

6.10.1 Los Palacios Cristianos

Un 2 de enero de 1492, la ciudad de Granada se entrega a los Reyes Católicos, de acuerdo con las Capitulaciones de Granada, un documento tan generoso en la época, que causó el escándalo en esa nobleza avariciosa, que **permitió a los musulmanes continuar con su religión y sus propiedades,** otra cuestión es que después de la muerte de la Reina Isabel la Católica, ninguna de las partes estuviera dispuestos a llegar a un acuerdo de paz y convivencia.

Escudos de Armas de los Reyes Católicos, y otros detalles, los encontraremos en diversos lugares de la Alhambra, **pero no sucedió ningún cambio destacable durante la vida de la Reina Isabel la Católica y el Rey Fernando,** más dado a las conspiraciones, encontró otras labores más acordes a su idiosincrasia, **como imponer ese invento catalán, la Inquisición,** al resto de los reinos españoles.

Su heredero, Carlos V, mandó a construir **un gran Palacio de estilo Renacentista en la Alhambra,** algo polémico aún en día…

6. ALHAMBRA DE GRANADA. *Estilo Nazarí.*

6.10.2 Los Palacios Cristianos

El Palacio de Carlos V, gran amante de la Alhambra, de la cual se enamoró como otros tantos, deseaba un palacio acorde a este nuevo Siglo XVI, y encargó al arquitecto Pedro Machuca, uno de los precursores del **Renacimiento en los reinos españoles,** que comenzó su obra en 1527, finalizando treinta años después.

De planta cuadrada, con sesenta y tres metros por cada lado, y unos diecisiete metros de altura, la decoración está finalizada en su lado sur y oeste, ya que el edificio por los otros laterales se superponía a los palacios nazaríes, y sobre todo, destaca por su gigantesco patio circular.

La primera planta, de estilo toscano, menos habitual, y la **planta alta,** de **estilo jónico,** uno de los tres de la clásica Grecia, y las dos fachadas finalizadas, disponen de dos **grandes pórticos o portadas de mármol granadino,** y entre la decoración de estos pórticos, dos leones labrados, con trofeos de las innumerables victorias sobre los turcos, moros, romanos, etc.

El Patio, que impresiona, dispone de treinta y dos columnas de estilo dórico, y por su nivel de grandeza, es considerada **una de las obras cumbres del renacimiento europeo,** solo recordar que **Pedro Machuca, discípulo de Miguel Ángel, con su estilo marianismo,** representa lo mejor del renacimiento español.

Hermoso edificio, **que su visita es libre o gratuita,** es otro de los imprescindibles de la Alhambra.

6.10.3 Los Palacios Cristianos

L as Habitaciones del Emperador, Patio de la Reja y el Jardín de Dexara, son otros lugares a visitar, construidos durante el reinado de Carlos V.

En el año 1526, **Carlos V se asienta en la Alhambra,** y dos años después, ordena construir una serie de habitaciones, seis en total, de los cuales destaca el **Despacho del Emperador,** con una **gran chimenea y un techo de madera,** decorado con **cuarterones o cuadrados labrados,** y desde ahí se accede a los dos dormitorios privados, el del Rey Carlos V y el de la Reina Isabel I de Portugal.

⇨ **El Patio de las Rejas o de Los Cipreses,** a la cual accedemos desde la última Habitación del Emperador, dispone de una fuente de mármol blanco, que mezcla estilos diversos de transición, **un balcón enrejado de hierro** fundido del Siglo XVII y unos cipreses centenarios.

⇨ **Los Jardines de Daraxa o de Los Naranjos,** de época de Carlos V, dispone de **una fuente central de mármol,** con una hermosa descripción grabada, de gran tamaño en relación al jardín, reconstruido sobre otro previo nazarí, y en él, unos setos perfectamente cuidados, que están acompañados por naranjos, cipreses, acacias, etc..

Más lugares podremos descubrír de la época cristiana en la Alhambra, pero debemos olvidarnos de esas prisas eternas, de esos autobuses repletos de turistas, que llegan tan rápido como se marchan…

6.11 Lugares Secretos

Diversas son las edificaciones de la época nazarí o cristiana construídas, pero poco visitadas, craso error, ya que son lugares encantadores, aunque pequeños comparados con los Palacios nazaríes o el Palacio de Carlos V.

⇨ **La Acequia Real,** con sus más de seis kilómetros, recoge **las frescas aguas del Río Darro en una represa,** que baja por la llamada **Acequia del Tercio,** o la **Acequia del Generalife,** que desemboca en el **Patio de la Acequia de los Jardines del Generalife,** y luego continúa en paralelo por la llamada **Cuesta de Los Chinos o Cuesta del Rey Chico,** hasta llegar a la misma Alhambra, entrando por la Torre del Agua, que diversos canales y pequeños acueductos, distribuyen el agua de la vida por los amplios Jardines y Palacios nazaríes.

⇨ **La Mezquita Mayor de la Alhambra,** hoy reconvertida en **Iglesia de Santa María Mayor,** construída en el Siglo XVII, por ese artista llamado Ambrosio de Vico, recordando las obras maestras de ese genio llamado Hernán Ruíz.

De **planta en cruz latina,** bastante sobrio en su interior, dispone de un **retablo barroco de gran belleza,** y a escasos metros, encontraremos…

Los **Baños Árabes o Hamman de la Mezquita Mayor** o Aljama, de arquitectura extraña, ya que la **Sala Fría dispone de una bóveda,** y la **Sala Caliente es de planta cuadrada,** con pequeñas habitaciones o alcobas en sus laterales.

⇨ **El Palacio de los Abencerrajes o Banu Sarray,** familia rival de los nazaríes, que pagaron su osadía con la muerte de la mayor parte de sus miembros, mantiene las características habituales, **una alberca en el centro de un gran patio central, d**os baños árabes o hamman, varios pabellones o Salas, entre otros detalles.

⇨ **El Convento de San Francisco o Palacio de Los Infantes, ahora Parador Nacional,** previo palacio andalusí de estilo nazarí, en cuya sala principal, reconvertida en capilla, descansaron **unos años los cuerpos de los fallecidos Reyes Católicos,** bóvedas con **mocárabes** en algunas habitaciones o alcobas aún pueden ser visitadas, **arcos de herradura originales,** y unos amplios jardines reformados en estilo andalusí, son parte de su patrimonio.

6. ALHAMBRA DE GRANADA. *Estilo Nazarí.*

6.11 Lugares Secretos

⇨ **Una docena de torreones menos conocidos,** ayudan a proteger las amplias murallas defensivas, algunas de ellas, como **la Torre del Agua,** por donde se fusionaba la Acequia Real con la Alhambra, **o la Torre de los Picos, con sus almenas de ladrillo ocre,** tiene extraños **detalles góticos,** estilo cristiano en esa Alhambra de estilo andalusí nazarí, algo que aún no han podido explicar ningún historiador o arquitecto.

La Torre de la Sultana o de la Cautiva, la Torre del Caid o de la Zorra, o la Torre de la Ruda, son algunas de tantas, cada uno con unos detalles únicos...

Una somera introducción, al último de los estilos andalusíes en época musulmana, quizás algunos prefieran dedicar días a leer extensos libros sobre sus orígenes y arquitectura, pero mejor dedicar esos días a visitarla una y otra vez, el placer será mayor...

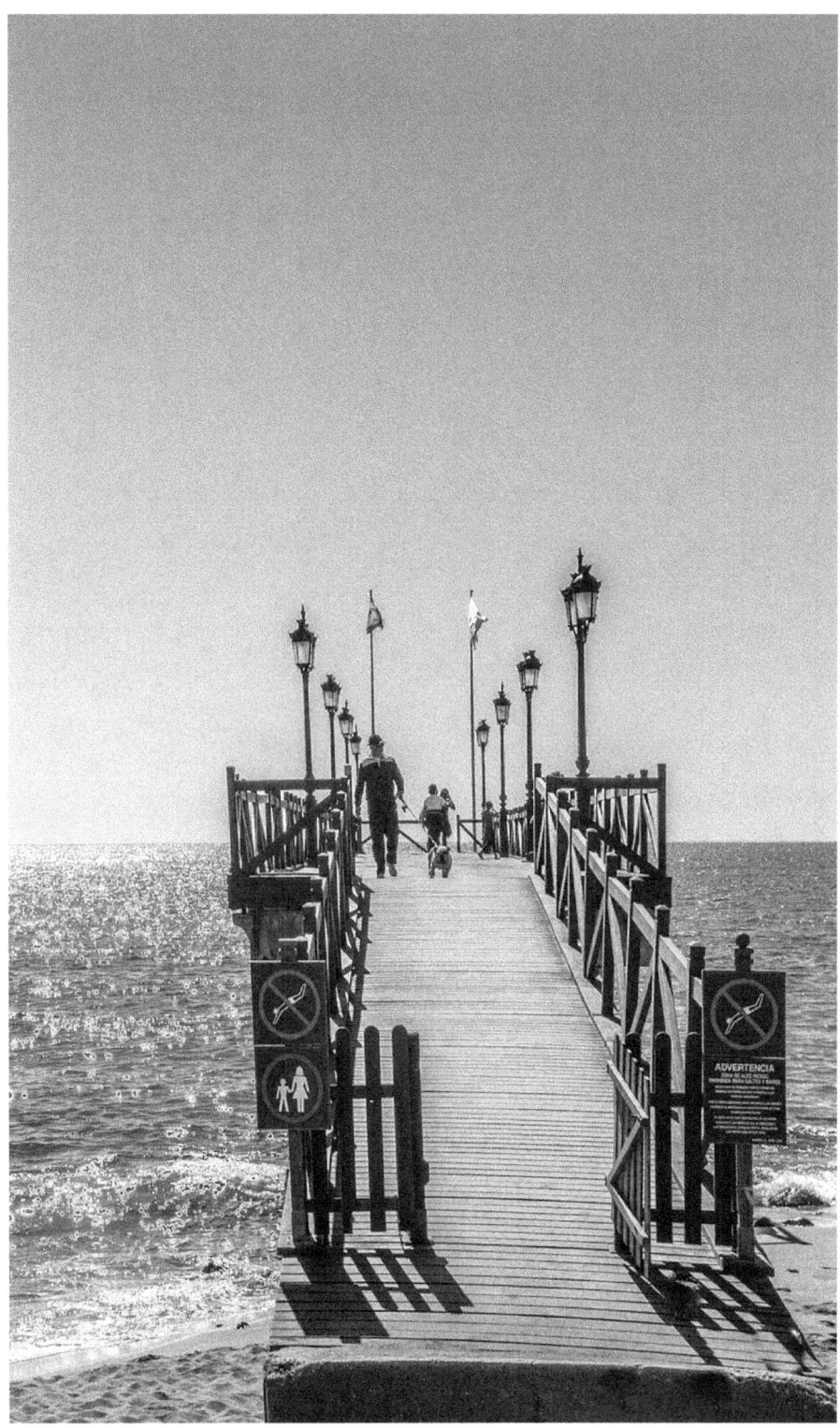

EPÍLOGO

"La Alhambra de Granada."

7 EPÍLOGO

7.1 Viejos Mitos

E l Arte andalusí, el arte cumbre del mundo islámico, se dio en un lugar tan excepcional como el Al Ándalus, en plena Europa, que muchos nostálgicos tratan de reproducir en lejanos lugares, sin asumir aún, que forma parte del carácter de estos habitantes del Sur de la vieja Península Ibérica.

⇨ **Carácter tan criticado por gentes desconocedoras y mal informadas,** que a veces desespera inclusive a este andaluz que escribe, pero que ya asume que forma parte de nuestra "alma", que hacen que millones de personas de otras regiones o países desean vivir en esta hermosa tierra.

⇨ **Descubrir esta parte de nuestro pasado común,** desde arte califal, al taifal, al almorávide o almohade, al nazarí, y sin olvidar el mudéjar, es un reto que cualquier amante de la vida, debe realizar en su caminar vital.

⇨ **Olvidarnos de viejos mitos,** que se reciclan cada pocas décadas, contando que unos eran los buenos y otros los malos, es mentir a la historia, siempre los notables o poderosos son escasos en generosidad, y el pueblo o las clases medias es incitado al odio para afianzar su poder, independientemente que sean religiosos (musulmanes o cristianos) o solo adoren el Dios Dólar...

7 EPÍLOGO

7.2. Viajando.

La eterna excusa, viajar es para ricos, y como siempre, hay que desmentirlo, hacer turismo es caro, viajar es barato.

⇨ **Vuelos LowCost,** que por apenas 50€ te trasladan de lejanas ciudades europeas al Aeropuerto de Málaga o Madrid, o Autobuses que por 25€ te llevan de Madrid al Sur, sin olvidar los coches compartidos, que por casi nada, te trasladan entre ciudades, son opciones para trasladarnos a precios económicos.

⇨ **Cientos de Hosteles** que encontraremos en cualquier lugar del mundo, que por pocos euros, tendremos un lugar donde dormir, un desayuno incluído y una cocina para utilizar.

⇨ **Cenar en restaurantes agradables,** siempre es una opción, pero si no deseamos dejar la Visa en bancarrota, en cualquier supermercado podremos comprar productos básicos para **cocinar en el Hostel,** y al final de una semana de largo viaje, nos habrá costado apenas 20 euros en comer.

⇨ De lo que será más difícil escaparnos, **es de precios abusivos en muchos lugares dignos de visitar,** pero solo es compensar, no todos los lugares recomendados en multitud de guías o agencias, merecen pagar precios tan altos, y lugares hermosos dignos de visitar suelen tener precios simbólicos, es solo saber buscar...

Este consumismo que nos desborda, que nos asfixia, que nos fuerza a justificarnos porque no pagamos 600€ por el último modelo de móvil, más aún si saben que tenemos dicha cantidad, hace que cuando viajamos perdamos la vista de lo principal, descubrir nuevos lugares por ir a los sitios de moda para llevarnos cientos de fotografías que se quedan almacenadas en algunos de los cientos de carpetas guardadas en nuestro portátil o tableta, o quizás, los álbumes de 500 fotografías que subimos a las redes sociales...